公認会計士&税理士のための

スタートアップ支援税務のススメ

石割由紀人
ISHIWARI YUKITO

幻冬舎MC

はじめに

「監査業務は単純作業の連続でやりがいが感じられない」
「節税の相談ばかりで世の中の役に立っている実感がない」
「せっかく身につけた専門知識を活かすことができていない」

このような理由から将来のキャリアについて悩んでいる会計人（公認会計士・税理士）は少なくないと思います。そんな人たちに向けて新たなキャリアの選択肢の一つとなるのが本書で紹介する「スタートアップ支援税務」です。

背景には、政府が打ち出した「スタートアップ育成5か年計画」があります。この計画は10万社のスタートアップ創出とユニコーン企業100社の誕生を目指しており、経済産業省や中小企業庁による補助金や税制優遇措置などでスタートアップの積極的な創業を後押ししています。

こうした動きの影響もあって、ここ数年でスタートアップが数多く誕生しています。帝国データバンクの調査によると、2023年に全国で新設された企業は15万2860社あり、前年から7・9％増加して過去最多となっています。また、ユニコーン企業への成長が期待できる優れたベンチャー企業の数も増加しています。経済産業省の「令和4年度大学発ベンチャー実態等調査」によると、2022年10月時点での大学発ベンチャー（大学の研究成果や技術などを活用する目的で設立されたベンチャー企業の総称）の数は3782社でした。これは令和3年度の3305社から477社増加しており、企業数・増加数ともに過去最多を記録しています。

このようにスタートアップの数が増え、その育成が活発化しているなかで、スタートアップを支援するアカウンティングとファイナンスに精通した人材の重要性もますます高まることが予想され、「スタートアップ支援税務」は会計人にとってキャリアの新たな選択肢といえます。しかし、具体的にどのような業務を担うのか、仕事としてどんな魅力があるのか、あまり知られていないのが実情です。

私は公認会計士として大手監査法人に勤務後、独立を志し、税理士法人での国際税務、スタートアップ企業のCFO、ベンチャーキャピタルでの投資業務を経験しました。その後、スタートアップ支援税務にシフトし、9年以上で30社超のIPOに関与してきました。例えば、AI技術を活用したサービスを提供する「HEROZ」や、「AVILEN」、日本最大のハンドメイドマーケットの「Creema」などさまざまな企業の税務を担当しています。

私がスタートアップ支援税務を生業《なりわい》としている理由は、会計人として成長でき、誇りが持てる仕事だからです。例えば、IPOを目指すスタートアップ企業に対しては、初期段階から財務戦略の構築、資金調達のサポート、税務コンプライアンスの確立、さらには海外進出時の国際税務対応など、多岐にわたる支援を行います。これらは企業にとって重要な仕事であるのはもちろん、それらをサポートするためには単に税務の専門知識を提供するだけでなく、経営戦略や事業計画の策定にも深く関与する必要があります。このように伝統的な会計税務業務とは大きく異なり、直接企業の成長や成功に寄与できるという実感を得ながら、自身のスキルの幅を広げることができるのは、ほかにはないスタートアップ支援税務の魅力です。

本書では、会計人がキャリアを考える際のヒントとして、スタートアップ支援税務の具体的な内容やその魅力、さらに私自身の経験を交えて解説しています。本書を通じてスタートアップ支援税務の魅力と可能性を知り、キャリア選択の幅を広げる一助となれば幸いです。

公認会計士&税理士のための　スタートアップ支援税務のススメ　目次

［第3章］

CFOや経理部長とは異なる「スタートアップ支援税務コンサルタント」の魅力

[第4章]　IT、人材サービス、福祉……　スタートアップ支援税務の実例

［第1章］

狭き門を通過したものの、将来のキャリアに不安や悩みを抱える公認会計士&税理士たち

公認会計士のキャリア選択

難関資格と呼ばれる資格の中でも、公認会計士はキャリア選択の幅が比較的広い資格です。公認会計士の2次試験に合格後、大半の人はまず監査法人に入所して監査業務の経験を積みます。

ところが、入所した監査法人でずっとキャリアを積んでいくのかといえば、約半分の人は5年以内に退所してしまいます。さらに10年以内で見ると、9割の人が監査法人を辞めて転職するといわれています。最初に入った監査法人の組織内で、マネージャー、シニアマネージャー、パートナーと、キャリアを重ねていく人は、かなり少数派というのが実態です。

監査法人を退所した人がその後に進む道は多種多様ですが、監査業務に対するスタンスという視点で大別すれば、監査業務に携わり続ける道と、監査業務から離れていく道とがあります。

まず、何らかの形で監査の仕事を中心としてキャリアを重ねる人たちは、例えば、ある大手監査法人から別の大手監査法人に移ったり、大手監査法人から中堅の監査法人に移ったりする人です。所属する組織は変わっても、監査業務中心で仕事をしていくことには変わりはないでしょう。また、特定の監査法人に所属せず案件ごとに仕事を請け負うフリーランスとして監査業務に関わり続ける人もいます。

一方では、監査以外の業務を中心とするキャリアの道もあります。

例えば、事業会社の経理部門や経営企画部門に転職したり、投資銀行で投資業務に携わったり、コンサルティングファームでファイナンスや経営のコンサルタントになったり、自ら会計事務所を立ち上げて税務支援に携わったりするような方向です。

営利法人（事業会社）はもちろん、非営利法人、さらには行政機関等の公的セクターなども含め、およそ会計や財務と無縁で運営される団体は存在しません。それらのすべてが公認会計士の活躍の舞台となります。

このように公認会計士は、選べるキャリアの選択肢が多い職業です。自分が求める仕事内容や、働き方にあったキャリアを選べる可能性が高いという点では、大きなメリットです。しかしその半面、多種多様なキャリアの選択肢が選べるからこそ、どのようなキャリアを選ぶべきかで悩んだり、試行錯誤したりすることが多くなるという面もあります。

公認会計士に第一に期待されている役割であり、中心的な業務となるのは、公認会計士だけに認められた独占業務である監査業務です。

しかし、その監査業務を、自分が一生かけて極めていく仕事であるとは感じられない公認会計士が多いというのも、また事実なのです。それは監査法人からの転職率が高く、その転職先として事業会社や投資銀行、コンサルティングファームなどを希望する人が多いということによって示されています。

かくいう私自身、公認会計士2次試験合格後は、当たり前のように監査法人に入所して、上場企業の監査業務に携わりました。今と違い、かなりの長時間労働が求められましたが、早く一人前の公認会計士になりたくて必死で働きました。最初の頃は、どんな仕事も新鮮で自分がどんどん成長しているという実感も得られていました。やがて、3次試験に合格してインチャージになり、それなりに現場の全体を見ながら監査を統括する仕事を任されるようになりましたが、そうなるとだんだんと監査業務に対して違和感を覚えるようになってきたのです。

その違和感を一言でいえば、「この先、監査業務を一生続けていくことに、自分はやりがいや充実感を感じられるだろうか」というものです。私には独立志向があったため、このまま監査業務を続けていても将来独立して生きていけるスキルは十分に得られず、やりがいや充実感を感じられないのではないかと判断しました。そこで監査法人を退所し、紆余曲折を経て、現在おこなっているスタートアップ支援税務へとたどり着くのですが、その話の前に、なぜ監査法人で働く公認会計士の多くが、監査業務にやりがいを感じられなくなっていくのかについて考えてみます。

監査業務に対して感じたモヤモヤ

監査法人で働いていた当時は、監査業務に充実感が得られないというモヤモヤがあったのですが、その理由は分かりませんでした。

スタートアップ支援税務に関わるようになって、その仕事と比較してみると、当時抱いていた違和感をかなり明確に認識できるようになりました。

それは次の3点にまとめられます。

▼1　学んだ専門知識が存分に活かせず、伸びしろに不安

監査業務にやりがいを感じられなくなった理由の一つは、誰でもできそうな作業的な部分が思いのほか多かったことです。若手監査スタッフの場合は特に当てはまります。

例えば、会計帳簿と証憑を突き合わせて取引の実在性を確認するバウチングやトレーシングの作業、経理部で作成した数字のチェック作業自体は、公認会計士資格がなくてもできる部分があります。監査現場においては、この手の作業が7～8割を占めています。取引の会計的な意味を推測したり、不整合の理由を追及したりするような、高度で専門的な会計知識が必要とされる部分は、せいぜい2～3割ではないかと思われます。

もちろん、突合作業は監査において必要であり、事実の確認なしにどんな推測も成り立ちません。しかし、せっかく必死に勉強して難関試験に合格し公認会計士になったにもかかわらず、仕事のかなりの部分が作業的なものでは、自分の能力を発揮しきれないと感じられても不思議ではありません。インチャージの上席、マネージャーやパートナーになれば、より全体を見渡して数字の背後にある取引を推測したり、会計的な判断をしながら方針を立てたり、企業との交渉にのぞんだりする業務が中心になります。しかし、実際、監

査法人でパートナーになれるのは、一部の優秀な人だけです。

自分がインチャージになる頃には、自分の伸びしろがなくなってきているのではないか、せっかく学んだ専門知識をもっと活用できる仕事がほかにあるのではないかと考えるようになりました。それが、監査法人以外のキャリアの模索につながりました。

▼2　顧客の経営への貢献が実感しづらい

監査は顧客（クライアント企業）の求めに応じておこなわれます。しかし上場企業の場合、法定監査は義務であり、それを実施したところで売上や利益が伸びるわけではありません。企業にとって必要なものではありますが、通常は企業価値そのものを向上させるものだとは認識されていません。また、監査業務に応対するのは通常、経理部長、場合によってはＣＦＯであり、経営者が直接関与する機会はほとんどありません。

これらのことから、監査業務は顧客企業にとって必要なことだと理解していても、顧客企業の価値向上や経営の改善などに貢献していると実感しにくいのです。

▼3 「未来」に向けてゼロから1を生み出す仕事ではない

監査業務は本質的に、なにか新しいものを生み出す業務ではありません。過去の取引やその記録について、不正や不備がないかをチェックしたり、いわばマイナスをゼロに戻すための指摘をしたりする仕事が監査業務であり、「未来」に向けてゼロから1を創造する仕事ではないということです。それが「良い」とか「悪い」とかいう問題ではまったくありません。

しかし、私は監査法人の中でインチャージクラスになって監査業務の経験が増えれば増えるほど、監査業務に飽き足りなくなっていったことは事実です。

そして、会計や財務の専門知識を活かしながら、顧客企業の経営に直接コミットして支えたり、ゼロから1を生み出すお手伝いをしたりしたいという意識が強くなっていきました。それが臨界点に達したとき、監査業務以外の仕事への転職へと至ったのです。

ポジティブな要素を求める公認会計士のキャリアチェンジ

現在は、私と同じように（監査法人を退所して別の監査法人へと転職するのではなく）、監査以外の業務に携わるようになった公認会計士と交流して、いろいろと話を聞く機会も増えました。特に、スタートアップ支援に関わりたいと考えている会計人が集まる交流会やイベントには積極的に参加して、情報交換をしています。すると、監査法人に入所後、私と同じような監査業務に対するモヤモヤとした疑問や違和感を持った公認会計士が、少なくなかったことが分かりました。

私の場合はもともと独立志向があったことが大きな要因となりました。さらには、監査法人で株式上場支援業務を担当していたことから、スタートアップに関わる領域に進みたいという気持ちがあったので、その方向へと舵を切りました。

公認会計士の監査以外のキャリア選択は多種多様です。

監査という立場で経営をチェックするのではなく、直接経営にコミットする仕事がしたいというのがキャリア変更の主な理由であれば、まずスタートアップなど事業会社の経営企画部、ＣＦＯなどへの転職が候補になります。また、会計・財務系や事業戦略系のコンサルティングファームに転身する道もあります。

監査法人よりも高い収入を求めて転職を希望する人ももちろんいると思います。そういう人は、外資系の投資銀行や、大手M&A仲介会社などへの転職が多い印象があります。

他方、監査法人でも以前のような長時間労働は減っていますが、それでも年度末などの繁忙期には、それなりに残業が続くことがあります。そのため、収入の多さよりもプライベートの時間を大切にした、ライフ・ワーク・バランスの取れた働き方を望む人もいます。

そういった人は大手事業会社の経理部門へと転職したり、大手の税理士事務所に転職したりするケースが多いようです。大手企業、特に上場企業は通常、コンプライアンスを重視しており労働時間をしっかり管理しているので、ライフ・ワーク・バランス重視の人には向いているといえます。

また、独立志向が強く自分で会計事務所を開きたい人も一定数いると思います。その場合は、税務申告の仕事ができないとどうしても仕事の幅が狭くなります。しかし、監査法人で働いていても税務申告の仕事をすることはありません。そこで、すぐに開業するのではなく、税務の仕事を勉強するために、税理士事務所に勤める人は少なくありません。

近年では、公認会計士専門のマッチングプラットフォーム（ブリッジコンサルティングの会計士・ＪＯＢなど）も増えています。開業という形ではなく、マッチングプラットフォームを活用しながら、いわゆるフリーランスとして独立して働く公認会計士も増えています。

ほかにも、より公的な仕事に関わりたい場合は、地方自治体や官公庁、証券取引所などの公的部門での会計や経理業務もあります。また、会計とは関係のない非営利法人で社会貢献的な仕事や会計教育に関わる仕事を選ぶ道もあります。

そこで本書では、このような意向を持っている公認会計士に、キャリアを選択するうえでのヒントになることを示していきたいと考えています。

［第2章］

専門知識を活かすステージはスタートアップにある！公認会計士&税理士のキャリアチェンジのススメ

代表的な業務を分類する

公認会計士のキャリアには多様な選択肢があり、多くの公認会計士が転職や独立によってキャリアチェンジをしています。これは、言い換えると公認会計士が担える業種や職種、働き方が多様だということです。当然ながらそれらの業種や職種、働き方に優劣はありません。いずれの仕事も顧客、ひいては社会に価値を提供することで成り立っており、それぞれ固有の役割と存在意義があります。

業種や職種に優劣はありませんが、キャリアを考えるうえでは、個人の資質に応じた向き不向きは考慮しなければなりません。社会に価値を提供していたとしても、本人の資質に向かない仕事に就くことは不幸だといえます。そこで、多様な職種や働き方を、3つの視点で分類し、それぞれがどんな人に向いているのかを考察してみます。

なお、それぞれの分類は、どちらになるか白黒つけるものではありません。どちらの傾向が強いか、どちら寄りかという傾向性を示しています。

① スペシャリスト志向か、ゼネラリスト志向か

スペシャリストというのは、もっぱら特定分野での知識、技能を活かして働く専門家のことです。例えば、公認会計士が企業の経理部で働くとします。経理部員として経理実務だけを担っている場合、経理のスペシャリストだといえるでしょう。

一方、ゼネラリストというのは、一定の範囲内で幅広い知見、技能を持ち、さまざまな業務に対応できる人材です。ゼネラリストという言葉は広義では、単に多くの経験・知識があり、多様な職務に対応できる万能な人材という意味で使われることがあります。しかし、狭義では「マネジメント人材」と同義で用いられることもあります。

例えば、公認会計士が経理部長になるとします。経理に対する専門知識は当然求められますが、それ以外にも、部門メンバーの管理・育成、他部門との交渉、外部専門家との折衝や交渉、経理システムの導入・管理、全社経営計画への参画など、多くの役割が求められ、それぞれを高い水準でこなさなければなりません。このような、多様なマネジメント業務を高度なレベルでこなせる人材が、狭義のゼネラリストです。

公認会計士あるいは税理士には、当然、会計または税務のスペシャリストの部分は常に残ります。しかし、業務によって、その専門家としての知識や技能を突き詰めることが求められるか否かという違いがあります。

例えば、監査法人に勤めていたとしても、マネージャーやパートナーになると部下を指導、管理したりクライアントとの関係を維持したりするための業務をしなければならない割合が増えます。さらに、法人としての経営戦略、事業計画や財務計画などを策定したりコントロールしたりする業務を担うこともあります。つまり、監査法人に勤めていてもポジションによって、スペシャリスト寄りかゼネラリスト寄りかが分かれます。

▼該当する業務の例

監査法人以外で、公認会計士のキャリアとして選択される主要業務のうち、次のようなものはゼネラリスト寄りだといえます。

- 事業会社のマネジメントポジション
- スタートアップのＣＦＯ

・スタッフを雇用した会計事務所経営
・社外取締役

一方、次のような業務はどちらかといえばスペシャリスト寄りです。

・監査法人での監査スタッフ
・コンサルティングファームでのコンサルタントやアドバイザリー
・会計事務所に勤務しての会計・税務のプロフェッショナル

▼それぞれに求められる資質の違い

スペシャリストとは、単に公認会計士の資格を保有している人のことではありません。資格保有は前提として、スペシャリストとして求められる資質があります。それは「自分自身の専門知識や専門技能を用いて顧客や所属組織に貢献できることを最大の喜びだと感じられる」という性格です。

もちろん、スペシャリストであり続けるためには、専門分野の最新の法令や学説、関連する周辺領域の学習など、常に自己研鑽を続ける必要があります。しかし、スペシャリストの目的は自己研鑽ではありません。自己研鑽により得た知識や技能を通じて、顧客や所属組織に最大・最良の価値を提供することです。自己研鑽し続けられるのは、価値提供に喜びを感じられる人だけです。

一方、ゼネラリストに求められる資質は、幅広く人に共感し、人を動かして組織をまとめ上げることに喜びを感じる性格です。自分の知識や技能を用いることよりも、人の知識や技能をいかに引き出すか、という点に関心を持てる人がゼネラリストに向いています。当然、社内外で多くの人脈を持っていることが前提になります。

例えば、一般的に企業経営者はゼネラリストだといえます。求められるのは、俯瞰的な視点から戦略や人材の配置を考えることであり、特定分野での深い専門知識を持っていることではありません。専門知識が必要なら、それを持っている人間を採用すればいいのです。

また、公認会計士からの転身を目指す人が多いスタートアップのCFOも同様です。資金調達、資本政策、税務、内部統制、監査、上場準備など、成長ステージに応じて、それぞれの専門家をアサインして、調整しながら資本戦略、財務戦略を練ることが、スタートアップのＣＦＯの役割となるのです。そのため、スタートアップＣＦＯは、公認会計士などの資格やなんらかの特定分野での専門知識を特に持たない人が担っていることもよくあります。スタートアップＣＦＯに、スペシャリストと同レベルの専門知識は必ずしも要求されないと思います。

▼知識や技能のポータビリティ

スペシャリストかゼネラリストかという論点を、スキルや経験のポータビリティ（可搬性あるいは汎用性）の相対的な高低という観点から考えることもできるでしょう。公認会計士が担う監査や会計の業務、あるいは、内部統制や税務といった業務も同様ですが、それらは企業経営のインフラとして、共通ルールが整備されています。スペシャリストとしてその実務に深く通じていれば、多くの部分はほかの企業でもそのまま通用します。

本章の前半で、公認会計士は比較的転職が多く、キャリアの選択肢が多いと述べましたが、それは公認会計士が持つ監査や会計のスキルはポータビリティが比較的高いからです。

一方、業務がゼネラリスト寄りになると、業務の内容が、所属する組織特有の構造に依存することも多くなります。組織特有の技能や、特定のクライアントとの関係性を維持するといった業務は、その組織特有の構造や事情に依存する部分が大きく、ほかの組織に転籍した場合、その経験がそのまま活かせる部分は少ないはずです。スキルや経験がほかでも活かせるかという観点から見ると、スペシャリストのほうが比較的その傾向が強い、つまりポータビリティが高いと思われます。

②チームで働くか個人で働くか

監査法人でおこなう監査業務は、ほぼ完全にチームでおこなう仕事だといえます。コンサルティングファームなどの場合も、チームでおこなう仕事が中心になると思います。

一方、独立した会計・財務コンサルタントとして業務をおこなう人もいるかもしれません。コンサルティングの実務は本人が自分でやるので、個人で働くというスタイルです。しかし、アシスタントを雇ってスケジュール管理や雑多な事務仕事を任せている場合は、個人ではなくなります。

このようにチームか個人かどちらかに分かれますが、完全に分けられない場合も多々あります。ほかの人と役割をどの程度分担するかによって段階的に分けられます。

両者の違いは2つの面から考えることができます。まずは受託する仕事の全体像を俯瞰的に比べてみます。

チームで働く場合は、相対的に大規模なクライアントから大規模な案件が発注されます。上場企業が個人事業の公認会計士に会計業務や税務業務などを発注するケースはまれです。上場企業でなくても、ある程度の規模の組織体であれば、会計業務や税務業務がストップしてしまうと重大な支障が生じることが想定される場合、個人には発注しづらいと思います。なぜなら、受託者が個人であれば、個人的な事情（病気や死亡など）によって、完全に業務がストップしてしまうからです。受託者がチームであれば、担当者に仕事を継続できないような事情が発生しても、ほかのメンバーが代わりを務めることができます。リスクヘッジという意味で、クライアントの組織が大きく業務が重要になるほど、チームに発注され、個人に発注されることは少なくなります。

次に、本人がおこなう仕事の範囲や内容という点から考えてみます。チームでの仕事では、ほかのメンバーとの分業が生じます。自分が経営者やプロジェクトのリーダーであれば、スタッフをマネジメントしなければなりません。また、ほかにリーダーがいて自分がチームメンバーの1人であれば、スケジュールや進め方を自分だけで自由に決めることはできません。

個人でおこなう業務では、定められた納期までに顧客を満足させるレベルのサービスを提供すれば、進め方や内容は自分で自由に決められます。

▼該当する業務の例

チームで働くケースとして、次のことが考えられます。

- 会社や会計事務所に雇用されて働く場合（監査法人、会計事務所、事業会社等は問わない。また、スタッフ、マネージャー、CFOなど、役職を問わない）
- 自分で会社や会計事務所を経営しており、スタッフを雇用して働く場合

個人で働くには、次のような形があります。

- コンサルタント業やアドバイザリー業

・プラットフォーマーから会計業務の紹介を受けて働くフリーランス

▼それぞれに求められる資質の違い

チームで働くことに向いているのは、大きなプロジェクトに関わりたいと考えている人です。また、プロジェクト完遂の目標に向かって、メンバーと協力しながら進むこと自体に、喜びを感じられる人です。もちろん、相応の協調性も求められます。

一方、個人で働くことに求められる資質は、責任感と自律能力です。個人で働くということは、病気になっても仕事を代わってくれる人がいないということです。なにがあっても業務を完遂するためには強い責任感が求められます。また、そもそも業務が進められないような事態を招かないための自律能力も求められます。例えば、健康管理しかり、業務上のリスク管理しかりです。どんなときでも厳しく自分を律することができる人でなければ、長い期間、個人で働いて成果を出し続けることは難しいです。

③ スポット契約か継続契約か

契約は、顧客からの単発の受注案件の契約期間によって2つに分けられます。受注した1つのプロジェクトが1年以内あるいは長くても2~3年以内に完了するのが、単発のスポット業務です。公認会計士に関連が深い業務でいえば、IPOコンサルティングは、IPOが実現する（あるいはしないと決める）までの期間が限定されていますから、やや長めのスポット的な仕事です。

また、M&Aのファイナンシャル・アドバイザーがおこなうデューデリジェンスも同様に、そのM&A案件が終了するまでの業務なのでスポット業務になります。一方、同じクライアントから長期間継続的に、受注が続く業務もあります。上場企業の法定監査はその典型で、特別な事情がない限り毎年同じ監査法人に依頼されます。

法務顧問や税務顧問なども同様です。通常、ある法律事務所や会計事務所と顧問契約を結んだ場合、なにか事情がない限り毎年同じ事務所と契約を更新して業務を続けてもらいます。

業務の内容や質という点では、スポット案件は常に新しいクライアントを発掘しないと仕事がなくなってしまうのに対して、継続案件はその必要がないという違いがあります。

また、受注そのものの安定性にも違いがあります。どちらも、常に新規受注の機会をうかがい受注獲得を狙う必要はあります。ただ、スポットの案件は短期で終了するため、受注を蓄積して拡大していくものではありません。一方、継続案件は、特別な事情がない限り、蓄積・拡大していきます。その代わり、1案件ごとに得られる対価は、通常、スポット案件のほうがはるかに高額になります。

言い換えると、収益の得られ方において、スポット契約がメインの業務はフロー型あるいは狩猟型、継続契約はストック型あるいは農耕型です。その違いの意味合いは、自分がどれだけ受注に関わるかによって変わります。監査法人、会計事務所、コンサルティングファームなどに勤務する会社員であったり、業務委託への依存度が高かったりと、自分の業務として営業や受注獲得が求められない立場であるなら、固定報酬を受け取ることができるためあまり大きな違いはないかもしれません。

一方で会社の中で営業や新規案件の獲得が求められる立場の人、あるいは独立開業する人にとっては、両者の違いは非常に重要な意味を持ちます。

▼該当する業務の例

次のような業務はスポット業務となりがちです。

・ＩＰＯコンサルティング
・Ｍ＆Ａアドバイザリー
・ＶＣ、ファンドなどの投資業務

継続される業務には次のようなものがあります。

・上場企業の法定監査
・法務顧問、税務顧問

▼それぞれに求められる資質の違い

業務の質という面では、スポット業務は、数カ月から数年で案件が終了し、またゼロから開始になるので、常に新しいクライアントと付き合い、人間関係を含めて新しい刺激を得ながら仕事をしていたいという人に向いています。継続される業務は同じクライアントと何年も、場合によっては10年、20年と付き合うことになります。そのため、安定した人間関係の中で仕事をしたいという人に向いているといえます。

自分で案件を獲得しなければならない立場の人については、短期間に大きな収益をフローとして獲得したい場合、単価の高いスポット型で集中して受注を狙うことが向いています。一方、長期にわたって安定した収益を得て、それを10年、20年という時間をかけて少しずつ広げていきたいなら、継続型のほうが向いています。

スタートアップ支援における税理士事務所としての位置づけ

公認会計士や税理士のキャリアの選択肢の一つとして、私たちがおこなっている「スタートアップ支援税務」があります。スタートアップ支援税務という言葉は、私たちの業務を表現する造語であり、一般的に用いられている言葉ではありません。そこで、スタートアップ支援税務の概略について説明しておきます。

スタートアップ支援税務の対象は、ＩＰＯを目指すスタートアップ企業です。公認会計士がＩＰＯを目指すスタートアップ企業を支援すると聞くと、ＩＰＯ支援業務（ＩＰＯコンサルティング）を思い浮かべる方が多いと思います。

しかし私たちのスタートアップ支援税務は、ＩＰＯコンサルティングと一部重なる業務はありつつも、基本的にはまったく異なります。私たちの業務の中心となるのは、その名のとおり、記帳代行、給与計算、税務相談、税務監査、決算書作成、税務申告などのベーシックな税務業務だからです。これらの業務は、通常の会計事務所（税理士事務所）がおこなっている業務との違いはありません。税法に則った業務ですから当たり前です。

しかし、ただの税務顧問ではなく、スタートアップ支援税務と表現しているのは、通常の税理士法人が提供している、中小企業向けの税務サービスを提供するだけではないからです。

どういうことかというと、スタートアップ企業は中小企業としてスタートし、短期間で上場企業へと変化する（少なくともそれを目指す）企業です。そして、中小企業の税務と上場企業の税務は、内容が異なる部分があります。そのすべての段階の税務に対応できるということが、スタートアップ支援税務の大きな特徴です。

また、税務以外にも資本政策や株価算定、ストックオプション設計、ストックオプション評価、資金調達・ファイナンスのアドバイス、初期的な内部統制、J-KISS、監査法人対応といった会計に関係するバックオフィス業務の支援も、スタートアップ支援税務に含まれます。

さらに、スタートアップ事業の本質を理解して、スタートアップの経営者と一緒にエクイティストーリーを考えるという社外ＣＦＯ的役割も期待されますし、場合によっては、組織運営や事業戦略に関する壁打ち相手などの経営参謀的役割を果たすこともあります。

ただし私の場合、スタートアップ支援税務という名のとおり、あくまで業務の中心は税務であり、それ以外は付随的なものだといえます。Ｎ－２期以降のＩＰＯに必要な実務、規程作成や内部統制コンサル、開示資料の作成などはあえておこなっていません。上場を前にしたそれらの準備実務は、いわゆるＩＰＯコンサルタントと連携し専門家をスタートアップに紹介しています。

スタートアップ支援税務の特徴

先述した業務分類をもとに、スタートアップ支援税務の特徴を説明します。あくまで外部の会計、税務、資本政策などの専門家としてスタートアップに関わります。スタートアップから期待される役割は、最新の法律、制度に基づいた最適なスキームの提案や実行です。その意味で、ゼネラリストではなく、知識と技術を提供するスペシャリストとして関わります。

次に、チームで働くか、個人で働くかという点については、私たちが提供するのはチームでの対応力です。チームとして組織立った役割分担によりクライアント企業を支えます。

この点については、私自身の個人的な経験も影響しています。以前、まだ現在のようなチーム体制を築かずに税務の仕事をしていた頃、忘年会シーズンに酔っ払って駅のホームから転落してしまったことがありました。足を骨折してまったく歩けなくなり、すぐに駅の近くの病院に運ばれて入院しました。足の骨折だけで済んだのは不幸中の幸いで、病院ではメールでやりとりしながら多少の仕事ができました。しかし、これがもし頭などを打って完全に仕事ができなくなるような事態になっていたらどうだっただろう、とその時に考えたのです。仕事を依頼してくださるお客様に、多大なご迷惑をお掛けすることは間違いありません。

それはなんとしても避けなければならないと思い、それ以後、チームでクライアントをサポートする体制を築き始めたのです。

最後に、スポットか継続かという点については、スタートアップ支援税務は、税務顧問業が中心となるので、クライアントに特別な事情がない限り契約は継続されます。

したがって、クライアントは年々増加し収益も増大していきます。私が会計事務所を開設して20年（税理士法人化して9年）が経ちますが、継続して業務を依頼されているクライアント数は毎年増え続けており、現在関与しているのは400社、累積では1000社を超えています。

スタートアップ企業がIPOをして上場企業となったら、顧問契約が終了されるのではないのかという疑問を持たれる読者がいるかもしれませんが、私たちのクライアントには創業直後から支援に入らせていただき、上場企業となってからもほとんどの企業で継続して税務顧問業務を担当させていただいています。

スタートアップ支援税務に向くタイプ

まとめると、スタートアップ支援税務に向くのは、次のようなキャリアを積みたい人ということになります。

①スペシャリストとしての知識、技能、経験を通じて、クライアントに貢献したい。そのために、新しい知識の吸収やリスキリングに積極的に取り組みたい。

②一匹狼タイプではなく、チームの一員となり、チームの力でクライアントを支援したい。

③期間限定のスポット業務で次々と新しいクライアントに接するのではなく、長期間継続して同じクライアントを支援して、ビジネスの安定性を確保したい。

それぞれについて、いくつかの補足をしておきます。

①のスペシャリストとして求められる専門知識は、公認会計士が通常有する監査や企業会計の知識のみならず、税務の専門家としての知識が重要です。単純にいえば、企業会計

と税務会計の両方に精通していることが必要になります。

一般的に公認会計士は、税務の知識が少ないので、税務のスペシャリストになるためには相応の学習が必要です。また、税理士がスタートアップ支援税務に関わることもできますが、税理士は上場企業の税務、すなわち企業会計を原則とする税務との差を埋めることが求められる実務には慣れていないことが多いです。そして、コーポレートファイナンスや資本政策、ストックオプションなどの知識もあまりないことも多いです。そのため、そういった面でのリスキリングは必要となります。

②に関しては、スタートアップ支援税務の経験を十分に積めば、一匹狼として業務を行うことはできます。つまり、チームでスタートアップ支援税務を数多く経験している公認会計士が、独立開業して1人で業務をおこなうことは可能です。ただし、クライアントは、その専門家になにかあった場合のリスクヘッジができないという点で、個人へ依頼することに不安を感じるかもしれません。また、同時に多くの上場企業に身一つで対応する難しさも指摘できます。一匹狼では仕事をスケールさせていくのが大変なのです。

③ビジネスの安定性については、会社勤務であれば、あまり意識をすることはありません。ただし、独立開業を考えている方にとっては、スポットの仕事もビジネスの安定性に関係するので極めて重要なポイントです。

スタートアップ支援税務にたどり着いた公認会計士の事例——私の場合

私はもともと大手監査法人に所属し、上場企業の監査業務に携わる、いわば〝普通の〟公認会計士でしたが、現在は自分が経営する事務所でスタートアップ支援税務に携わっています。しかし、最初から現在のようなスタートアップ支援税務の仕事を目標としていたわけではありません。キャリアチェンジの試行錯誤を繰り返し、さまざまな経験を積む中でスタートアップ支援税務の魅力に気づいていったのです。

ここでは私のキャリア遍歴を簡単に紹介します。

▼監査法人勤務から税理士法人へ

私が最初に入所したのは、青山監査法人（現・PwC Japan有限責任監査法人）です。

そこで監査業務のほか、株式公開支援業務にも従事しました。しかし、3次試験合格後、インチャージになった頃から、そのまま監査法人の中で生きていくことに対する疑問が生じてきました。

当時は「働き方改革」が始まるずっと前で、仕事は非常に多忙でした。忙しいことはよいのですが、誤解を恐れずにいえば、その忙しさのかなりの部分がややもすればルーティンワークであると感じられるようになっていったのです。

私はもともと独立志向があり、いつかは独立するつもりでしたが、このままこの監査法人で監査を続けても、独立して生きていけるスキルが身につかないのではないかとも感じるようになり、まず監査法人系列の税理士事務所に転籍しました。監査法人で株式上場支援業務を担当していたこともあり、独立するならスタートアップ支援に関連する領域に携わりたいと漠然と思っていました。そのための武器として、まずは税務業務の知識を身につけようと考えたのです。

しかし、転籍したPwC税理士法人では、日系のグローバル企業や外資系企業の税務申告や国際税務関連のコンサルティング業務（源泉所得税・恒久的施設など）が中心です。

それはそれで有益でしたが、基本的にグローバルな大企業の国際税務であり、イメージしていたスタートアップ、中小企業の税務とは別の分野でした。

そこでまた転職を考えましたが、今度は税務顧問業務を発注する側、つまり事業会社に一度入ってみようと思いました。(顧客である)事業会社の中の人になって、企業サイドから見た会計や税務についての課題をつかもうとしたのです。

▼スタートアップ企業のCFOとして勤務

2001年に、モバイル系スタートアップのA社に転職しました。役職はCFOで、IPOを視野に財務戦略を立案し実施することが任務です。

A社社長は、かつてアメリカの大企業へのM&Aイグジットの実績もあるシリアルアントレプレナーでした。また、A社にはPh.D.(博士号)を持つ優秀な人材が世界中から集まっており、有名ベンチャーキャピタルから多額の出資も受け入れるなど、将来有望なスタートアップだと感じられました。私はA社のCFOとして、会計や経理全般を見るとともに、資金調達にも奔走し、いくつかの資金調達も成功させせました。

しかし、製品開発と市場開拓は思ったように進まないうえに資金調達が困難になってきたことなどから、A社社長はIPOを断念します。私はCFOとしてやるべき業務がなくなりました（ちなみにA社はその後、アメリカの上場企業にM&A売却されました）。私はここで、スタートアップの会計・財務・税務支援に関わるのであれば、資金調達についてもっと深く学ぶ必要があると実感しました。

▼ベンチャーキャピタルで投資する側の論理を学ぶ

A社退職後、あるベンチャーキャピタルから誘われて入社しました。今度はベンチャーキャピタルの業務を経験して、投資をする側の論理と行動を学ぼうと考えたのです。もちろんそれだけではなく、VC投資によって有望なスタートアップを支援したいという気持ちもありました。そこで働いたことにより、ベンチャーキャピタルの立場から見た、資金出資（企業にとっては資金調達）の判断ポイント、その論理や仕組みを深く学ぶことができました。また、投資契約や資本政策のポイントなど、実務の細かいコツも吸収できました。

これらは、会計事務所やスタートアップの内部にいては分からなかったことであり、ベンチャーキャピタルでの仕事は、現在の業務にも大いに役立っています。当時はそう思っていませんでしたが、今振り返ると、この頃まではとにかくスタートアップの会計や税務に関連した多くのことを学び、スタートアップ支援税務に必要な〝武器〟を少しずつそろえていた時期でした。

私は、新しい場で新しいことを学ぶことがまったく苦になりません。これは、スタートアップ支援税務に向く人材の一つの重要な適性だと感じます。

▼自分の進むべき道を再確認し、公認会計士事務所を設立

ベンチャーキャピタルでの仕事はやりがいのあるものでしたが、日経新聞や『会社四季報 未上場会社版』などを片手に電話営業を通じて多くの人に会って、投資検討を行っていました。営業経験は会計人としての専門性向上とはほとんど関係ありません。

私はその業務をしながら、改めて自分が本当にやりたいことはなんだったのだろうかと自問しました。そして、監査業務に違和感を覚え、キャリア変更を決めた頃に立ち返っ

て考えたとき、自分のやりたいことは「会計人としての専門知識によって、スタートアップを支援すること」だと再確認したのです。そこで、それまでに蓄えた知識と経験を駆使して、スタートアップ支援で生きていくべく、2003年にベンチャーキャピタルを辞して独立し、石割公認会計士事務所を開設しました。スタートアップの経営者には熱意やビジョンにあふれた魅力的な人物が多い、というスタートアップ支援の魅力に気づきました。

事務所設立からしばらくの間、私は税務顧問以外に、IPOコンサルティング業務も積極的に受託していました。例えば、事業計画の作成支援や内部統制の整備、開示資料の作成などです。

当時はまだ、2000年前後の「ITバブル」の余波が残っており、IPOを目指すITスタートアップは少なくありませんでした。その一方、スタートアップにくわしい会計人は現在より少なかったため、仕事は順調に増えました。当時、私は1人で仕事をしていましたが、年収は監査法人時代にいただいていた報酬額を大きく上回っていました。

しかし、IPOを希望する企業は多くても、実現にこぎつける企業は少数です。そのうちにITバブルの余波も完全に引き、IPOコンサルティングの需要もやや減っていきました。

▼ストック型ビジネスのメリットに目覚める

そのタイミングで私は自分の仕事を見直しました。ＩＰＯコンサルティングの仕事は、基本的に期間限定のスポット業務です。仕事がたくさんくるうちはいいですが、どうしても波があります。いわゆるフロー型あるいは狩猟型と呼ばれるような受注が中心になるので、常に新規案件を獲得し続けなければなりません。

また、個人で働いていたため、「並行して」受注できる業務量には限りがあります。受注獲得はしなければなりませんが、増やしすぎて自分のキャパシティを超えていたらお断りするしかありません。つまり、業務の需要がいつ減るか分からないにもかかわらず、需要が多いときに受注できる業務量に上限があるのです。これは狩猟型ビジネスの宿命であり、スケールさせることが難しいのです。

そのようなことが分かってきて、さらに先に述べたホーム転落事故もあって、私はコンサルティング業務を個人で受注する働き方に限界を感じるようになってきました。

一方、並行して受けていた税務顧問の1件あたりの報酬金額はＩＰＯコンサルティングよりずっと低いのですが、短期で契約解除となることは少なく、ほとんどのクライアントは長期間継続してくれます。そのため累積受注額は右肩上がりで少しずつ増えていき、減るということはほとんどありません。いわゆるストック型のビジネスです。

そこから、スタートアップ支援をするにしても、完全にスポットのＩＰＯコンサルティングよりも、ストック型の税務を中心にしたほうがいいのではないか、また、チームで業務を受けられる体制に移行するべきではないかと考えるようになりました。そこで、本格的にチーム体制への移行を開始することにしたのです。

▼税理士法人を設立し、チームによるスタートアップ支援税務の体制を確立

２０１５年には、チームとしてのスタートアップ支援に本格的に取り組むための準備を開始し、２０１６年1月から個人事務所とは別にGemstone税理士法人をスタートさせました。多くの仲間に集まってもらい、協働でスタートアップを支援するようになったため、支援の質も量も大きくアップしました。

税理士法人設立以後、私たちが支援したスタートアップ企業の中から、30社以上がIPOを果たして上場企業となりました。30人弱の事務所の実績としては、かなり多いのではないかと自負しています。

なお現在は、スタートアップ支援税務を中心としており、原則としてIPOコンサルティング業務はおこなっていません。今では優れたIPOコンサルティング専門会社などが増えたため、必要があればそういった専門会社を顧問先にご紹介しています。IPOコンサルティング会社や監査法人、主幹事証券会社などと役割分担しながら、協働してスタートアップ・エコシステムを盛り上げる一員として活動しています。あえて多くの分野に手を出さないことによって、多くの公認会計士・税理士と競業ではなく協業できるような関係性を構築しています。

こうして振り返ると、決して最初からスタートアップ支援税務を目指してキャリア形成をしてきたわけではないということがご理解いただけると思います。しかしその時々で、先に述べた「スペシャリストとしての知識、技能、経験」「チームの力」「長期間継続した支援」という3つのポイントを意識して追求してきたことが分かります。

スタートアップ支援税務に携わることを検討される公認会計士、税理士の皆さんには、ぜひこの3点を意識していただきたいと思います。

［第3章］

CFOや経理部長とは異なる「スタートアップ支援税務コンサルタント」の魅力

一般的に、公認会計士は大企業に対しての監査業務のほか、独立すれば会計、財務、税務周辺のアドバイス業務をおこないます。また、税理士は主に中小企業（スモールビジネス）に対して、税務申告サービスを中心とした税務や会計のサポートをおこなっています。では、これらの業務に携わっている人が、〝そのまま〟スタートアップ支援税務にスライドしてきて業務に携われるかといえば、答えは「Ｎｏ」です。

その理由は、スタートアップの内実は、大企業とも中小企業とも異なっているからです。スタートアップにおける会計や税務回りの支援業務には、大企業のそれとも、中小企業のそれとも異なる部分があります。

ところが、公認会計士や税理士でもそれを理解している人はほとんどいません。そのため、私たちのところには「会計事務所に税務顧問を依頼しているが、求めるサービスが得られなかった」というご相談が頻繁に持ち込まれます。スタートアップならではの求められるサービスの〝勘所〟が理解されていないのです。

そこで本章では、そもそもスタートアップとはどんな企業なのか、スタートアップ支援税務と密接に関わるエクイティストーリーなどを解説していきます。その後、大企業の支援業務、中小企業の支援業務と、スタートアップ支援税務との違いをまとめます。

スタートアップとは

スタートアップ（Start-Up）とは、英語で「行動を始める」とか「起業する」という意味の言葉でしたが、それが転じて、主にシリコンバレーで新しいビジネスを起こすテック系の新興企業そのものを指すようになりました。つまりスタートアップという言葉には、起業することと、起業した企業の両方の意味が含まれます。

しかし、起業された企業のすべてがスタートアップなのではありません。というより、少なくとも日本においては、恐らく新規開業の99％は従来型の中小企業のビジネスであって、スタートアップは1％にも満たないのです。革新性があるスタートアップに対し、従来型のビジネスをおこなっている中小企業は「スモールビジネス」と呼ばれます。

ラーメン店で働いていた人が自分でラーメン店を独立開業したり、デザイナーが自分のデザイン事務所を開業したり、あるいはフランチャイズチェーンに加盟して店舗を開業した人をスタートアップとは呼ばないということは、直感的に分かると思います。これらはすべてスモールビジネスです。

では、テック系分野での起業ではどうかといえば、やはり起業した企業のすべてがスタートアップとなるわけではありません。例えば、顧客からの受託により組み込みソフトを開発している企業があるとします。そこで働く高い技術を持つプログラマーが独立して自分ひとりで会社を立ち上げて、ほかの顧客からソフト開発を受託する事業をおこなっている場合は、通常、スモールビジネスに分類されます。

つまり、スタートアップとは、時間軸（新興企業）や規模（中小企業）だけによって定義される言葉ではないということです。それらもスタートアップの定義の一部に含まれますが、スタートアップの最も重要な本質は、一定の指向性や経営スタイルでビジネスを展開していることだとされています。

その指向性と経営スタイルは、次のようにまとめられます。

①革新的なイノベーションにより、大規模な市場を創造し、社会課題解決を目指す

②「J型」で指数関数形となる成長曲線を描き、短期での成功とエグジットを目指す

③リスクマネー（エクイティ）が財務基盤となる

①革新的なイノベーションにより、大規模な市場を創造し、社会課題解決を目指す

スタートアップは、革新的あるいは破壊的と呼ばれるイノベーションをおこないます。それは、技術面におけるものもあれば、ビジネスモデルにおけるものもあります。

革新的あるいは破壊的と呼ばれるイノベーションは、単なる進歩や改善とは異なります。進歩や改善とは、顕在化している既存の課題を解決するものであるのに対して、破壊的イノベーションは、明確には顕在化していなかったニーズを創造（＝市場を創造）し、結果として私たちの暮らしや社会を変革するものです。

分かりやすくいえば、携帯電話（ガラケー）に機能を付加したり小型化したりするのが進歩や改善であり、スマホを生み出すのがイノベーションです。アップルがiPhoneを販売するまでスマホは存在せず、「スマホが欲しい」というニーズも存在していませんでし

た。スマホに対するニーズはアップルによって創造されたのです（当時のアップルはすでに大企業でスタートアップではありませんが、破壊的イノベーションの事例です）。

また、ロボット掃除機の「ルンバ」を開発したiRobotは、従来は存在しなかったロボット掃除機の市場を創造し、掃除機市場全体の構造を大きく塗り替えました。さらには、私たちの生活において、掃除をする時間を劇的に減らすという変化をもたらしています。

つまり、進歩や改善はスモールビジネスで、イノベーションを起こすのがスタートアップなのです。スタートアップでは、破壊的イノベーションと社会課題解決のどちらかが先行して起こっており、表裏一体の関係となっています。イノベーションが先行して結果として社会課題解決につながることもあれば、社会課題解決のためにイノベーションを考案することもあります。

いずれにしても革新的イノベーションによって、既存市場の構造を大きく改変したり、既存市場に取ってかわったりする新しい市場を創造し、社会課題の解決を目指すのが、スタートアップの本質の1つ目です。

スタートアップはニッチベンチャーではない

iPhoneにしても、ルンバにしても、グローバルなビジネス展開が可能で潜在マーケット規模が非常に大きかったという点もポイントです。ＶＣなどスタートアップに投資をする投資家の重要な判断基準に、マーケットサイズがあります。事業の売上規模はマーケットサイズを超えることはなく、マーケットが事業成長の上限になるからです。マーケットサイズは、「TAM：Total Addressable Market」と呼ばれることもあります。ＴＡＭが１０００億円程度あることが、スタートアップ投資の一つの基準だともいわれています（参考：『スタートアップ・バイブル』アニス・ウッザマン）。

ここで注意しなければならないのは、ＴＡＭはあくまで想定に過ぎないという点です。プロダクトがこれまでに存在しなかった画期的なものであればあるほど、スタート時点での市場規模はゼロ、またはゼロに近いニッチ市場です。そのため、将来の市場規模を正確に予測することはできませんが、少なくとも大きく「スケールする」可能性のある市場である点がポイントです。

スケールするというのは、ある一定の利用者が出ると「ネットワーク効果」（利用者が増えるほど利用者にメリットがもたらされる）により、一気に利用者が広がることです。例えば、X（旧Twitter）やTikTokなどのSNSはその典型です。あるいはNetflixのようなコンテンツサービスも、普及すればするほど「みんなが観ているから流行に遅れないために自分も観なければ」という意識が働いて利用者が増えます。

一方、スケールする可能性がないニッチ市場もたくさんあります。多くの特定業務用製品などはスケールの可能性が小さい分野です。その分野で画期的なイノベーションを起こせば、その分野でのトップ企業にはなれるかもしれません。しかし、その場合は、その企業はスタートアップとは呼ばれず、ニッチベンチャーなどと呼ばれます。

スタートアップのプロダクトも最初はニッチ市場なので、スタートアップとニッチベンチャーには重なる部分もあり、両者を明確に峻別《しゅんべつ》することは困難です。しかし、少なくとも経営者の目指す方向が、「大規模な市場の創造」や「社会課題の解決」であることは、スタートアップの重要な要件です。

②「J型」で指数関数形となる成長曲線を描き、短期での成功とエグジットを目指す

スタートアップとスモールビジネスとの違いは、「目指す成長曲線」にも表れています。スタートアップがおこなう革新的イノベーションの事業は、ニーズが顕在化されておらず、市場がゼロの状態からスタートします。したがって、市場に適合するプロダクトが形成され、プロダクトに対する巨大な市場が創造されるまで、売上はゼロかゼロに近い状態が続きます。当然、累積赤字を積み上げていきます。

そして、ひとたび市場が創造されてプロダクトが受け入れられれば、級数的（二次関数的）に事業が成長していき、短期間で企業規模が巨大化します。以前は、創業から大企業（株式上場レベル）に到達するまで20年、30年と時間がかかることが当たり前でしたが、現代の成功するスタートアップの成長時間は非常に短くなっています。

ユーチューバーサポート事業のＵＵＵＭは、創業から上場まで4年2カ月、家計簿管理アプリのマネーフォワードは5年で上場を果たしています。最近では、スキマ時間アルバイトアプリのタイミーも、創業から7年で上場しました。このように短期での成長拡大を

スタートアップとスモールビジネスとの違い

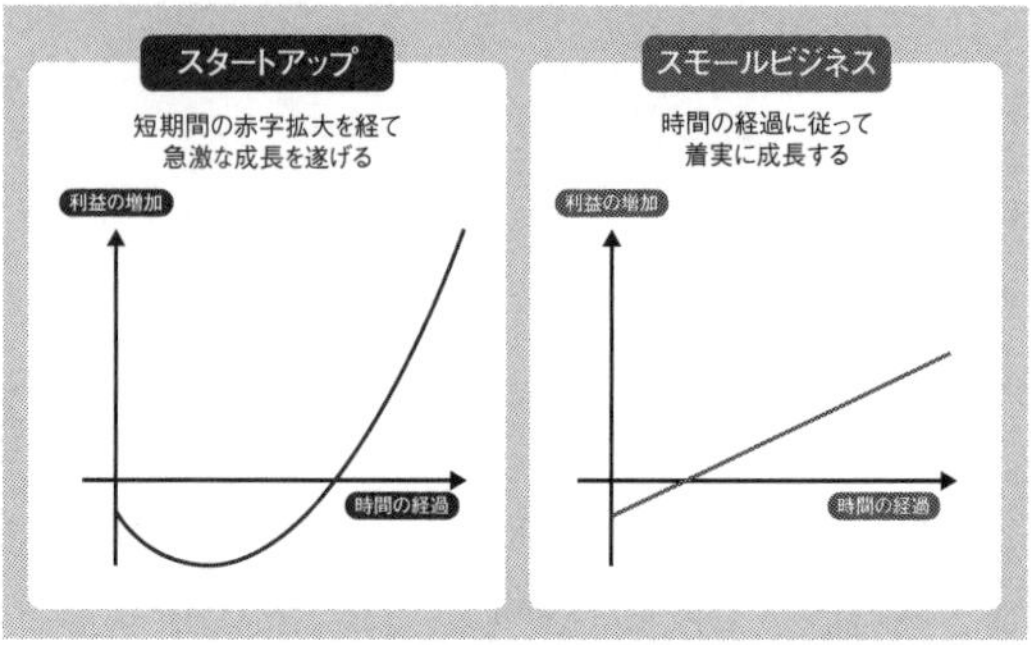

出典：クラウド会計ソフト freee「スタートアップ企業とは？ベンチャー・スモールビジネスとの違いや企業の例を紹介　経営者から担当者にまで役立つバックオフィス基礎知識」

目指すこともスタートアップの特徴ですが、その成長の推移を図示すると「J」のような形となることから「Jカーブ」といわれます。

一方、スモールビジネスも、創業に必要な資金を考えると、マイナスからスタートすることは同じですが、創業直後から売上と利益を上げながら、少しずつ成長を遂げていきます。その成長具合は直線的です。

上の図はスタートアップとスモールビジネスの成長を図式化したものですが、必ずしもこのとおりに進むわけではありません。「Jカーブ」を描けるのは、成功したスタートアップだけです。事業が成功しなければJカーブを描くことができず、成長曲線が横ばいになってしまい、そのまま事業を継続する（スモールビジネス化する）か、最悪の場合、失敗して廃業することもあります。

初期のスタートアップが赤字を拡大してマイナス成長を続けることは「悪いこと」だと考えている公認会計士、税理士がいますが、これは誤解です。会計人の感覚としては分からなくもないですが、スタートアップの初期の赤字は、その後の急成長のために必要なマイナスです。いったんしゃがんだほうが高くジャンプできるのと同じです。この点は、スタートアップ支援とスモールビジネス支援との違いを理解するうえでも重要な論点です。

スタートアップの事業が成功する前提は、ＰＭＦを満たすこと

顧客ニーズを満たすプロダクト（製品やサービス）を市場に提供できるような状態のことを「PMF：Product Market Fit」と呼びます。ＰＭＦの概念はスタートアップにとって非常に重要で、初期のスタートアップはプロダクトのＰＭＦを目指すことが最重要課題ですし、またそうあるべきです。

スタートアップの世界では、「PMFするまでコードを書くことと、ユーザーの声を聞くこと以外、なにもするな」といわれます（『新規事業を成功させるPMFの教科書』栗原康太、翔泳社）。その目的のためには、調達した資金が尽きない範囲の中であれば、いくら赤字が累積してもかまわないのです。なお、PMFする前に、間接部門拡大や監査契約、IPO準備を本格化させることもおすすめしません。

③ リスクマネー（エクイティ）が財務基盤となる

スモールビジネスにおける創業当初の事業資金には、創業者の自己資金と創業向けの融資（日本政策金融公庫の創業融資や自治体の制度融資など）が用いられます。スタートアップでも、プレシード期やシード期と呼ばれる段階では、自己資金のほかに融資が用いられることもありますが、それ以後に主な財務基盤となるのは、第三者からのエクイティ出資になります。第三者とは、エンジェル投資家、VC（ベンチャーキャピタル）、CVC（事業会社出資）、プライベート・エクイティ・ファンドなどです。

この財務基盤の違いも、スタートアップとスモールビジネスを峻別する大きな要素であり、また、それらの会計・税務的な支援内容の違いに影響を与えます。

スタートアップは、ＰＭＦが達成されて成長軌道に乗るまでは（場合によっては成長軌道に乗ってからも）赤字を出し続けます。そして、ビジネスが革新的であればあるほど、その失敗のリスクも高くなります。その一方、成功したときに一人勝ちできる可能性は高くなります。極端にいえば、長期間赤字を出し続けたあとに大成功するか失敗して倒産するかという、ハイリスク・ハイリターンの世界なのです。

このような構造の事業なので、事業利益の中から確実に元本と利息を回収することを目指す銀行融資の理論となじまないことは明らかです。そこで、失敗した場合のリスクを負う代わりに、成功時の大きなリターンを得る可能性のあるエクイティ出資で資金を調達し、それをもとに運営することがスタートアップの基本となります。そして、調達した資金を使い切る前にＰＭＦを達成して事業を軌道に乗せることができるか否かが、スタートアップが成功できるかどうかの分かれ目です。

投資をする側の論理を理解する必要がある

ＶＣをはじめ、エクイティ投資をおこなう側からすると、どんなに優れた事業をおこなっていても、エグジット（ＩＰＯ）の可能性が低そうな会社には投資できません。例えば、起業3年目から5年目まで毎年10％の売上成長をしてきて5億円の売上、1億円の営業利益を出している新興企業があるとします。スモールビジネスであれば優秀な成績と判断でき、銀行は積極的に事業資金を融資してくれます。

しかし、その企業が今後もそれまでどおり漸進的な成長を続けていくと見込まれる限り、つまりスタートアップではなくスモールビジネスである限り、ＶＣの出資対象にはなりません。なぜなら、そのような企業は安定して成長しているものの、そのままでは株式市場に上場できる可能性は極めて低いからです。ＶＣにとっては投資の出口が期待できない＝投資対象外ということになります。

スタートアップのエクイティファイナンスの支援をする場合には、融資とは異なる出資者の論理を理解しておかなければなりません。なお、②で述べたように、スタートアップは指数関数的なJカーブを描いて、短期間で急拡大することを目指します。

　これは市場における先行者利益を得たり参入障壁を築いたりするためという事業面での要請もありますが、早期にエグジットすることで、投資の確定リターンを得たいというVCをはじめとした出資者からの要請という理由もあります。

　もちろん、早期にエグジットができれば、株を持つ創業メンバーやストックオプションを付与された社員には大きな利益がもたらされます。

株価にも影響するスタートアップのエクイティストーリー

　スタートアップがエクイティ資金調達をおこなうには、「エクイティストーリー」が必要です。エクイティストーリーとは、投資家や株主などに向けて、事業のドメインや特徴、事業計画と成長戦略を踏まえたうえで、企業価値増大の道筋（ストーリー）を説明する資料です。

　エクイティストーリーは、投資家に自社の魅力を伝え、出資を得て自社の企業価値を向上させるための基本的な手段であり、投資家とのコミュニケーションツールでもあります。当然、スタートアップの支援業務に関わる者は、その企業のエクイティストーリーを理解していなければなりません。

なお、ＩＰＯを前提にした話でいえば、エクイティストーリーによって株価算定も変わります。例えば、私が実際に支援したＢ社はＡＩを用いたゲームコンテンツの開発をしています。その事業を「ゲーム開発」ととらえるなら、類似会社として比準する上場企業はゲーム開発会社になります。ゲーム開発会社のＰＥＲ（株価収益率）は、次のようになっていました（当時）。

コロプラ14倍、ミクシィ（現ＭＩＸＩ）10倍、カプコン33倍、スクウェア・エニックス28倍、ＫＬａｂ42倍、バンダイナムコ62倍、エイチーム１０９倍

一方、Ｂ社を「ＡＩ企業」ととらえれば、比準するのはＡＩ開発会社になり、ＰＥＲは次のようになります。

FRONTEO 2585倍、ソケッツ423倍、AI inside 302倍、ALBERT（2022年11月15日アクセンチュアにより買収）361倍

つまり、事業ドメインをどう定義し、成長の方向を市場・投資家にどう示すかによって、類似会社として比準すべき上場企業のPERが大きく異なることになります。それによって、当該企業のバリュエーションも大きく変わってくるのです。IPOを目指すスタートアップにとってエクイティストーリーが非常に重要だということが分かります。

▼一般的なスタートアップの成長プロセス

エクイティストーリーには一定の型があり、次の順で進みます。

①プレシードステージ
②シードステージ
③アーリーステージ
④ミドルステージ

⑤ レイターステージ
⑥ ＩＰＯ（またはＭ＆Ａなど）

① プレシードステージ：事業構想を練る

プレシードステージは、アイデアや構想を練り、実現に向けた具体的な事業計画を立案していく段階です。市場調査や顧客ヒアリングを通じてニーズや課題を明確化し、解決策となる製品やサービスのコンセプトを固めることや、ＰＭＦの実現可能性の検証が主な活動となります。

プレシードステージは事業の土台を築く時期であり、起業家や会社は次の事項に意識を向ける必要があります。

- 顧客ニーズの検証と課題の明確化
- 事業計画の具体化と実現可能性の検証

プレシードステージにおいて重要なことは顧客ニーズを深く理解し、解決すべき課題を明確にすることです。市場調査や顧客インタビューを通じて、潜在顧客の潜在的なニーズやペインポイント（お金を払ってでも解決したいと考えられる悩みや課題）を把握し、プロダクトのコンセプトを顧客視点で磨き上げていきます。

また、アイデアを事業計画として具体化し、実現可能性を検証する作業も重要です。ビジネスモデルの構築、収益計画の策定、競合分析などを実施し、事業の成功に向けた道筋を模索する必要があります。それがのちにエクイティストーリーにつながります。なお、当然ですが、この時期に売上は発生していません。

▼組織体制と資金体制

プレシードステージの組織は一般的にごく小規模で創業者のみ、あるいはパートナーとの2～3人の体制になることが多いです。事業活動をおこなう前の段階であり、当然、ガバナンスや内部統制はほとんど関係ありません。ただし、この段階においてもコンプライアンスの遵守は意識し、製品やサービスの開発が法制度に合致していない状態や他社の知的財産を侵さないようにしておくことは、後々重要になります。

また、プレシードステージの資金調達は、主に自己資金です。

▼スタートアップ支援税務の仕事

起業後を見据えた機関設計や資本政策などについて相談を受けたり、法人設立手続きをサポートしたりすることなどが中心です。

②シードステージ：会社を立ち上げプロトタイプを作る

シードステージは、プレシードステージで検証されたコンセプトや事業計画に基づき、アイデアを具体的な形にするよう製品やサービスのプロトタイプを開発する時期です。通常、株式会社などでの法人化後を指します。

製品・サービスのプロトタイプをもとに、顧客からのフィードバックを得ながら、市場におけるニーズや課題を解決するプロダクト開発に重点が置かれます。開発とともに、エクイティストーリー作りや事業の基盤構築など、将来の成長に向けた準備を進める時期でもあります。

シードステージにおける最重要事項は、次の2点です。

・ＰＭＦの達成
・エクイティストーリーの構築

▼事業ではＰＭＦの達成が最重要

この段階でなによりも重要なのは、ＰＭＦの実現を目指すことです。繰り返し顧客の反応を見ながら試行錯誤を重ね、市場に受け入れられる製品へと徐々に進化させていきます。可能であれば、シリーズＡの資金調達に進む前にＰＭＦが達成されていることが理想的です。

ＰＭＦを実現するには熱狂的な顧客を作ることも大切です（あってもいいがなくてもいいプロダクトではない）。顧客インタビューを通じて、顧客の反応が仮説と異なる部分があれば適宜調整をおこない、プロダクトをブラッシュアップしていきます。

シードステージは、創業者をはじめ5名前後の少人数で構成されることが多いです。創業メンバーを集める時期です。管理体制は、スピード感と柔軟性を重視し、フラットな組織構造を採用する場合が多いと考えられます。起業家自らがリーダーシップを発揮し、メンバーとの密なコミュニケーションを通じて、ビジョンや目標を共有することが重要です。内部統制については、まだ厳密な構築を目指す時期ではありません。

▼場合によっては、「日銭」のために2本柱の事業となることも

シードステージは、事業の準備もしくは立ち上げ段階であるため、売上はほとんど発生しません。製品やサービスのプロトタイプの開発、市場調査のための活動などに費用がかかり、赤字を掘っている状態が続くことが一般的です（Jカーブの J の下の部分です）。

自己資金がどれだけ用意できるかにもよりますが、本格的なエクイティ出資を受ける前であるなら、資金調達や支出のタイミングを適切に管理しないと、資金不足で事業が継続できないかもしれません。

そこで、場合によっては、最低限会社が持続していけるだけの「日銭」を稼ぐために、受託開発などのスモールビジネスを並行しておこなう場合もあります。ただし、あくまでスタートアップ事業を維持するためのスモールビジネスであり、受託開発自体がスタートアップの業務ではないという点を十分に意識しなければなりません。

ファイナンスは自己資金が中心だが、エンジェル出資が受けられることもある

シードステージの資金調達手段として考えられる選択肢は、次のとおりです。

- 自己資金
- エンジェル投資家による出資・ＪＫＩＳＳ
- アクセラレーションプログラムなどによる出資
- 日本政策金融公庫（政府系金融機関）による創業融資
- 地方自治体・信用保証協会・金融機関の連携による制度融資
- クラウドファンディング

まだ売上や利益が出ていないシードステージの資金調達は、選択肢が限られます。現実には、創業者や創業パートナーなどの自己資金が中心です。ただし、積極的にエンジェル投資家などに働きかけたり、アクセラレーションプログラムに参加したりすることにより、エンジェルラウンド、あるいはシードラウンドと呼ばれる出資を受けられる場合もあります（ラウンドとは、投資家から見た投資の「段階」のことです）。

この段階でのエンジェル出資は、100万円～数百万円程度、シード投資は1000万円前後が多いですが、もちろん、それ以上もそれ以下のこともあります。

もし出資を受けるのであれば、この時期から資本政策を考えることは必須です。また、この段階では出資を受けないとしても、次のシリーズAの段階に進む前には、資本政策を計画的に立案し、実行に着手したほうがよいです。

▼スタートアップ支援税務の仕事

私たちのところには、このシード段階で関与を要請されることがあります。この段階における税務面でのサポート業務は、スモールビジネスと大差はありません。経理全般に関するアドバイスや決算書、税務申告書を作成します。ただし、スモールビジネスでは「節税アドバイス」がよく求められますが、スタートアップでは赤字が続くこともあって、基本的に求められることは少ないです。

エクイティファイナンスの支援も要請されることがあります。具体的には、人脈によりVCを紹介するなどです。経理・税務以外には、PMFのために創業者のいわゆる〝壁打ち〟の相手になったり、エクイティストーリー作成の相談に乗ったりすることもあります。さらに経理入力や給与計算などを含めた、バックオフィス業務全般のサポートもおこないます。資本政策立案が必要な場合は、その相談にも応じます。

ほぼ創業メンバーだけという段階なので、創業者と濃密にやりとりしながら、スタートアップが成長するために裏方として全面的にサポートします。

③アーリーステージ：資金調達ラウンドが本格的に始まる

事業を立ち上げて軌道に乗せるまでの時期です。この時期のスタートアップは、ＰＭＦを達成して製品やサービスを市場に投入し、顧客基盤を拡大しながら収益化を目指します。アーリーとは初期という意味ですが、なんの初期かといえばエクイティによる資金調達をして、それによって事業を拡大させていく初期ということです。

調達した資金で、製品やサービスの開発や運営をおこなうエンジニアや、営業・販売スタッフなどを増員し、プロダクト開発とマーケット開拓を加速させます。企業にもよりますが、従業員規模は5～30名程度にまで増加します。

アーリーステージのスタートアップが事業上で重視すべき事項は次の2点です。

- 市場でのプレゼンス確立
- 収益モデルの構築

シードステージに開発した製品やサービスを本格的に市場へ投入する時期であり、基本的にはこの段階でPMFは達成している必要があります。市場への投入にあたり、販売経路を確立し効果的に普及してプレゼンスを確立します。

PMFは一度達成して終わりではなく、顧客セグメントへの拡大や新機能の開発、サービスの改善などを通じて、より強固にブラッシュアップする必要があります。また、収益面からいうと、継続的に収益を上げられるビジネスモデルを構築していく必要があります。

▼本格的にエクイティ出資の投資ラウンドが始まる

この段階は、本格的にVCなどからの投資資金調達に踏み込みます。エクイティ資金調達の段階を「ラウンド」と呼びます。ラウンドは、プレシリーズA、シリーズA、シリーズB、シリーズC……、とIPO（もしくはM&A）が実現されるまで続きます（A、B、Cは単なる順番を表す記号で、それ自体に意味はありません）。

エクイティ出資は、事業拡大のための重要な資金源となりますが、受ける前には、次のような論点を考察しなければなりません。

- 将来のIPOまでのラウンドを見越した、適正な株価算定（バリュエーション）
- 資本政策と経営者持ち分比率の希薄化
- 投資契約の内容精査

エクイティファイナンスでは、適正な株価算定（バリュエーション）が非常に重要です。高すぎるバリュエーションでの資金調達は、次のラウンドでの調達を難しくする可能性があります。一方、低すぎる場合、会社の持ち分比率に悪影響が及びます。

つまり、経営者持ち分比率が希薄化してしまうのです。いうまでもなく経営者の持ち分比率が下がり過ぎれば、経営意思決定にも悪い影響を与える可能性があります。

資本政策では、ストックオプションの検討および発行を始めるのはシリーズAの前後のタイミングです。さらに、投資契約の締結にも注意が必要です。スタートアップにとって不利な条件での契約をVCやファンドと結ばないように、慎重に内容を精査する必要があります。なお、プレシリーズAの調達額は数千万円、シリーズAの調達額は1億～数億円程度の規模となることが多いです。

▼バーンレートを意識する

シードステージと異なり、アーリーステージでは売上が発生し始めます。売上は、顧客獲得やマーケティング活動の成果によって、急速に増加します。しかし、顧客獲得コストや販管費などの費用も増加します。

アーリーステージでの事業の黒字化達成は、容易ではありません。成長投資を優先するために、シードステージから引き続き、将来の収益拡大を見据えた積極的な投資が優先されます。

アーリーステージでは、資金調達によって一時的に潤沢な資金を確保できたとしても、事業の拡大に伴い支出も増加します。一般的には、収益を上回るキャッシュの支出が続きます。この比率を「バーンレート」（1カ月間で資金をどれくらい消費するのかを表す指標。資金燃焼率とも）と呼びますが、適切にバーンレートをコントロールできないと、いずれ経営が立ちゆかなくなります。

▼スタートアップ支援税務の仕事

このアーリーステージの時期からは、ファイナンスや資本政策周りの依頼が増えます。すなわち、誰からどれくらい資金調達すべきか、株価算定、資本政策へのアドバイス、ストックオプションの設計などは、非常に重要な業務です。これらは経営者、また経験豊富なCFOがいればCFOと協力しながらおこないます。アーリー段階では、CFOがいないか、CFOの経験が不足していることもあるため、私たちが全面的に税務面で支援することもよくあります。

また、組織拡大に伴う初期的な内部統制整備（決してやり過ぎず、重大なリスクを抑えるのがポイントです）へのアドバイスも求められます。引き続き、バックオフィス業務全体のサポートが求められ、その量は増えていきます。会計、経理面においては、バーンレートコントロールも重要で、そのアドバイスが必要となることもあります。

④ ミドルステージ：安定した売上・収益を計上し、資金調達額も増大する

事業が軌道に乗り、売上のみならず、収益を安定的に生み出せる段階です。通常、この段階では、事業が損益分岐点を超えて経常的に黒字化しています。市場で一定のプレゼンスを確立していますが、顧客基盤も拡大している時期で、事業のさらなる拡大と収益基盤の強化を目指す時期です。

ミドルステージでは、事業の拡大に伴い、組織体制の強化や経営管理の高度化が求められます。組織の人員数が増え、役割分担が進み階層化が進みます。また、この頃からＩＰＯが具体的に意識され、ＩＰＯ支援コンサルタントなどを交えた準備が開始されます。

ミドルステージのスタートアップでは、次の2点に意識を向ける必要があります。

- 事業拡大と収益性の向上
- 組織体制・内部統制の強化と人材育成

ミドルステージは、事業をさらに成長拡大させ、市場での地位を確かなものにする段階です。売上増加と顧客基盤の拡大が主な事業活動の目的となります。PMFはすでに達成しているものの、市場の変化や競合の出現に対応するため、製品やサービスの改善や機能追加を継続的におこなう必要があります。

社内では、効率的なオペレーション体制を構築し、生産性向上やコスト削減を図ることで、収益性の向上も目指します。また、事業拡大のためだけではなく、上場を意識した組織体制の構築・内部統制の強化と人材育成が不可欠です。

内部統制については、企業規模の拡大に伴い、より厳格な体制を整備する必要があります。リスク管理体制の強化やコンプライアンス遵守のための仕組み作りや専門部署の設置など、企業全体のガバナンスを強化するための取り組みが求められます。会計や経理などのバックオフィス業務も専門人員を多く雇って、内製化、自計化が進みます。

調達額は数十億円を超える規模になることも

ミドルステージは、事業拡大のため、シリーズB、シリーズCと、資金調達ラウンドを重ねていく段階です。企業にもよりますが、一般的に資金調達額はシリーズBで数億〜、シリーズCからは十億円以上になります。

また、ミドルステージになると信用力も上がっているため、民間金融機関からの融資も受けやすくなります。資金調達手段の選択肢が増える時期です。

この段階になると、財務戦略を練るためのCFOの存在が必要になります。また、IPOを見越してIPOコンサルタント、監査法人、証券会社などの専門家、専門企業が数多く会社に入るようになり、上場審査に向けた準備を進めていきます。

▼スタートアップ支援税務の仕事

IPOに向けて組織体制が整備されると、私たちのような社外の者がバックオフィス全般をサポートすることは少なくなります。通常は記帳代行や給与計算代行業務は打ち切られ、内製化されます。引き続き税務や社長の資産管理会社のサポート等は私たちが担当します。

⑤レイターステージ：上場準備を具体的に進める

スタートアップが成熟期を迎え、ＩＰＯを具体的に目指す段階です。この時期の企業は、すでに大規模な資金調達を経験し、事業も安定的に成長しています。市場でのプレゼンスや業界内での地位も確立されています。

ＩＰＯの具体的な準備に入るＮ－３期以降を指します（上場申請をおこなう期を「Ｎ」として、直前期をＮ－１、直前々期をＮ－２、直前々々期をＮ－３と表現します）。

レイターステージは、ＩＰＯを目前に控えた最終準備段階であり、次の事項に意識が向けられます。

- ＩＰＯを見据えた体制整備
- ＩＰＯ後の成長戦略および資本政策の構築

レイターステージでは、ＩＰＯに向けた準備をさらに加速させ、財務状況の改善や内部統制の強化、ガバナンス体制の整備など、上場企業の要件を満たすために徹底的に取り組む必要があります。

また、ＩＰＯは投資家にとってはエグジット（出口）ですが、企業にとっては新たなスタートです。上場後も持続的な成長を遂げるためには、新たな市場への進出やＭ＆Ａ、新規事業開発など、企業価値向上のために継続的な取り組みが求められます。

さらにＩＰＯを境に、株主の構成が大きく変わることを意識しなくてはいけません。上場によって、未上場株に投資をしなかった投資家が新たな株主候補に挙がってきます。望ましい株主構成を実現する資本政策が求められます。

Ｎ－３期には、上場に向けた監査法人や主幹事証券会社の選定もおこなわれ、監査法人によるショートレビューも実施されます。また、Ｎ－２期とＮ－１期には、上場審査に必要な監査証明を得るための会計監査もおこなわれます。

▼スタートアップ支援税務の仕事

私たちのスタートアップ支援税務では、IPO準備に関する直接の支援はあえておこなっていませんが、会社やIPOコンサルタント、監査法人などから求められれば、税務担当の専門家として必要な書類の準備などの作成に協力します。

また、N－3期で監査法人にショートレビューの依頼を検討するようになる段階（N－4期、N－5期など）から、会計処理の内容が変化していきます。具体的には、上場審査やその前の監査法人監査を見据えて、より企業会計の原則に則った会計処理へとシフトしていきます。そして、無事にIPO・上場を果たしたあとも、原則的には私たちには税務顧問として税務申告業務の依頼が続きます。

スタートアップの成長段階に応じて変化するスタートアップ支援税務

これまでの説明からも推察できるかと思いますが、私たちのスタートアップ支援税務は、スタートアップの成長段階に応じて業務内容が変化します。最初期には経理代行、税務申告を中心に経理業務の体制構築、給与計算など、バックオフィス業務全般をサポートし、（主にエクイティ）ファイナンスの支援もおこないます。

次の段階では、事業計画書の策定支援、資本政策の立案・実施、資本政策の一部ですがストックオプションの設計、株価算定などの業務が発生します。また、経営者がＩＰＯを意識すると、初期的な予算制度や内部統制の構築の相談なども受けますが、具体的なＩＰＯ準備の支援そのものは、ＩＰＯコンサルタントにあえてバトンタッチするようにしていきます。その時期からは、バックオフィス業務を担う人も採用するため、アウトソーシングのウェイトは減っていきます。

また、監査法人のショートレビューを受けることが決定する前後からは、会計処理、税務申告の内容が、一般的な中小企業（スモールビジネス）で用いられる税務会計から、企業会計に準拠した処理へと変化していきます。もちろん、上場後は上場会社の基準に沿った会計処理となります。

このように、スタートアップ支援税務ではスタートアップの成長段階に応じて支援内容が変わっていきます。

これはスタートアップ側から見ると、シードステージあるいはアーリーステージまでは社内リソースのほとんどをPMF達成のために振り向けるため、バックオフィス業務を整備する余裕はありませんし、また逆にやりすぎてはいけないということです。そのため、その時期まではバックオフィス業務を含めてサポートする必要があります。アーリーステージの後半からミドルステージになれば、IPOを見据えた組織整備を進める必要があるため、バックオフィス業務を担う人材も採用して、社内で担えるようになってきます。その段階になれば、外部からサポートをする必要はあまりなくなります。

成長段階に応じて、スモールビジネスに対する会計・税務・バックオフィスサポートと、上場企業などの大企業に対する会計・税務サポートの両方をトータルでおこなえることが、スタートアップ支援税務には必要です。そこが、この仕事の難しさであり、面白さでもあります。

大企業での監査・会計サポートとスタートアップ支援税務との違い

監査法人やFASなどのコンサルティングファームは、スモールビジネスを支援することが少ないため、そういった組織に属する公認会計士には、中小企業段階のスタートアップ支援の実態はあまり理解されていないようです。

もちろん、大企業の支援と中小企業段階のスタートアップ支援業務とでは支援内容が異なります。スタートアップがＰＭＦを達成するまでは監査の重要度は高くありません。大きな違いの一つは、誰を相手に仕事をするのかという点かもしれません。

大企業で公認会計士がやりとりする相手は、経理部長や財務部の管掌役員、ＣＦＯなどです。一方、スタートアップの場合は、初期であればあるほど、経営者と直接やりとりをすることになります。

大企業の経理部には、それこそ公認会計士や税理士の資格保有者がいることもあります。経理部長ともなれば、相当深い税務の知見を持っています。大企業への支援では、そういった人たちを相手に比較的狭い範囲で、細かい論点のディテールを詰めるような業務が中心です。

一方、スタートアップ支援の前半では経営者と直接やりとりすることが多いです。そして、支援が求められる領域は、狭義の会計・税務分野から、ファイナンス、資本政策、ストックオプション、内部統制、予算統制など多岐にわたります。さらに、組織運営や人材管理の相談を受けることもありますし、時には事業計画やエクイティストーリーも含めた成長戦略の相談を受けることもあります。目先の課題への対応だけではなく、経営全体のビジョンのサポートも含まれるということです。

経営者の参謀となって、会計的な視点や知識から解像度を高める手助けをする

スタートアップ支援税務では、企業によって異なりますが、起業家・経営者を相手に会計や財務面での「参謀」として、経営全般に深く広くコミットすることが求められるケースが多いです。大企業で経理部長を相手にして監査実務を提供しているときとは異なり、企業全体の成長をバックアップしているという実感が得られます。

この点が、大企業の監査や会計サポートとスタートアップ支援税務との大きな違いです。ある種の参謀的な役割、ビジョナリーな面でのアドバイスが求められることもあるとはいえ、それはあくまでアドバイスであり「どのような事業をおこなうべきか」について正解を与えるわけではありません。それを考えることは、経営者の役割です。

しかし、会計的な知識や視点、データから経営者の考えを整理して言語化を支援し、そ

の解像度を高める役割を果たすことは可能であり、スタートアップ支援税務におけるいちばんの業務です。例えば、先に述べたように、エクイティストーリーによって資金調達時の株価が変わることがあるため、エクイティストーリーについてアドバイスを求められれば、株価評価理論を踏まえてバリュエーションを高めるようなストーリーになるようアドバイスをします。なお、最終的にそれを採用するかどうかを決めるのは経営者であり、あくまで意思決定支援にとどめます。

事業戦略やエクイティストーリー作成について、経営者に唯一の正解を与えることはできませんが、次のようなプロセスにより、経営者の事業計画策定の〝壁打ち〟の相手をすることは、スタートアップ支援税務の役割の一つです。

①事業が成功したときにどうなっていたいか、経営者のイメージする成功したときの未来像を引き出し、言語化をサポート。

②KFS（Key Factors for Success「重要成功要因」）を洗い出していく。

③KFSを達成するための、手段目的の連鎖分析をおこなう。

④EXCELで予想財務三表を作成し、KPIを意識しつつ事業計画に落とし込む。

ちなみに、経営者に深くコミットして、参謀的な役割が期待されるのは、税務サポートを通して長期間にわたり継続的、定期的に経営者と接触をしているという部分も大きいです。これは、特定の目的のために一時的にサポートが求められるIPOコンサルタントと、スタートアップ支援税務との違いでもあります。税務サポートは、長期間継続されることが前提であり、IPOのあとも支援が続くことはよくあります。

スモールビジネスでの会計・税務支援と、スタートアップ支援税務との違い

日本には、税理士事務所は約2万8000所、公認会計士事務所は約2500所あり(「令和3年経済センサス　活動調査」より。支所等を含む)、合わせて約3万の会計事務所が営業しています。ちなみに、法律事務所は約1万所、コンビニエンスストアは約5万6000店なので、法律事務所の3倍、コンビニの半数程度の会計事務所が営業しているということです。

約3万ある会計事務所のほとんどは、いわゆる町の会計事務所として、スモールビジネ

スを営む中小企業への税務顧問や会計支援を担っています。しかし、多くの会計事務所が担っているスモールビジネスへの支援と、スタートアップへの支援は、かなり様相が異なります。それは、スタートアップとスモールビジネスとでは「中小企業である」という点以外に共通点はないというくらい内実が異なっているからです。

次に、いくつかの論点からスタートアップ支援税務とスモールビジネス支援の違いを確認します。

スタートアップでは赤字は悪いことではない

スモールビジネスでは、毎年着実に売上と利益を増やしていくことが望まれます。赤字に陥ることは避けなければならないことだと、経営者も税理士も考えています。スモールビジネスが赤字になった場合、気の利いた税理士なら、例えば広告宣伝費を削るなどの費用削減を図りましょう、と言ってアドバイスをするかもしれませんし、経営者もそれに納得すると思います。特に、銀行融資を受けている、あるいは受けたい場合はそうなります。利益が出ていない企業に対しては、銀行は厳しい態度を取ります。そのため、経営者も税理士も、どうしても黒字が出ている見栄えの良い決算書を作りたくなるのです。

しかし、スタートアップに対しては、そういったアドバイスは当てはまらないことも多いのです。例えば、スタートアップは、VCから資金調達して中小企業としては高額な給与を支払って、何人もエンジニアを雇い、プロダクトの開発をします。開発段階なので売上はゼロで、赤字が続きます。それに対して、「そんなに何人も開発者がいるなら、一部で受託開発をして、売上を作ってはどうか」といったアドバイスをするのは、まったく的外れな場合があります。そもそも資金調達をしたのは、売上がゼロでも開発を進めるためなのに、自社サービス開発に割くリソースを減らすことは、本末転倒でしかありません。そんなことをすれば、出資したVCは「受託なんかして目先の売上を作る余裕があるなら、もっと自社サービス開発に人を回せ」と怒るかもしれません。

また、マーケティング費用も同じです。調達した資金の大半をマーケティング費用に使って、大きな赤字を作りながら一気に市場と顧客を獲得して、その後長期にわたって回収するということも、スタートアップの戦略としてよく採用されます。そんなときに、赤字だから広告宣伝費を削ろうというのがおかしいことは明らかです。スタートアップの事業においては、プロダクトのＰＭＦを早期に実現することがなによりも重要であり、そのために可能な限りリソースを〝全振り〟するのが正しいスタートアップの経営です。スタートアップはフルスイングすることを求められているのです。

このように、スモールビジネス的な発想ではスタートアップ支援税務はできません。スタートアップの経営目的やビジネス構造を理解したうえで支援やアドバイスをおこなうことが求められます。

スタートアップでは節税策の優先度は低い

スモールビジネスが赤字の場合、主に銀行対策として決算書上の黒字化を考えなければなりません。一方、黒字の場合は、税理士が経営者から求められることの大半は節税対策だといっても過言ではありません。

もちろん、余分に税金を支払う必要はありません。合法的かつ適切な範囲内で課税を圧縮するアドバイスをすることは、それが会社の内部留保増大につながるのなら有益なことであり、やりがいのある仕事だといえます。

しかし、多くの場合、スモールビジネスの経営者が求める節税は、経営者個人の経済的メリットが主眼とされています。経営者の個人的な飲食代や遊興費や高級車の購入代金、家族への外注費支払いなどを、会社の経費に計上したいといったものがその典型です。

また、最近はYouTubeなどでもスモールビジネス経営者向けの節税対策情報が出回っているため、スーツを経費にするとか出張費や社宅を使うとか、マイクロ法人を作るとか、果ては従業員を個人事業主にするとか、法的にグレーな方法も含めて、さまざまな節税対策の立案や実行が税理士に求められるようになっています。

一方、スタートアップの税務支援においてそのような節税策が求められることは、ないとはいいませんが多くはなく、少なくとも求められている役割の主眼は、そこにはありません。

その理由は、多くのスタートアップ経営者は、革新的なイノベーションに基づいたプロダクトで世の中を変える、社会課題を解決するという、大きなビジョンを目標としているからです。もちろん、スモールビジネス経営者の中にも、高いビジョンを掲げて経営にあたっている人もいることは知っています。

しかし全体を平均的に見れば、やはりスタートアップ経営者のほうが視座は高く、大きな目標の実現を目指されている方が多いかもしれません。また、経営者個人の経済的な利益に関していえば、ＩＰＯやＭ＆Ａでエグジットができれば、少なくても数億円、多ければ数百億円という資産を得られることがあり、その目標に向かって邁進《まいしん》している最中に、目先の個人的な微々たる金額の節税など興味は湧かないはずです。そのため、スタートアップ経営者が私たちに期待する役割も、ビジョン実現のための税務支援であり、個人的な利得のための節税策ではないのです。

さらに、企業によっても違いますが、数年は赤字決算が続きます。ＩＰＯ直前まで、場合によってはＩＰＯ後も赤字を出し続けているスタートアップもあります。そもそも赤字であったり、黒字化しても累積欠損金があったりするので、会社の利益という点では、節税対策をする必要もない状況が続きます。スモールビジネスを支援する税理士や会計事務所のほとんどが抱いているであろう、中小企業への税務支援＝節税対策という固定観念は、スタートアップには適合しないのです。

資本関連の多様なサポートが早期から求められる

スタートアップで比較的初期の段階から資本（エクイティ）に関連したサポートが求められる場面が多いことも、スモールビジネスの支援にはない点です。資本に関連したサポートの代表として、企業価値算定あるいは株価算定（バリュエーション）があります。

スモールビジネスの場合でも、事業承継や相続に関連して株価算定が求められることはありますが、その目的の性格上、起業後20年、30年といったタイミングで発生するものです。また、事業承継や相続が目的の場合は、税法上の株価評価、すなわち、財産評価基本通達にある株価評価方法が用いられます。

しかし、スタートアップの株価評価は、エクイティによる資金調達やストックオプション発行のために必要なものであり、株式市場からどう評価されるかを推計するものなので、公正な課税を目的とした税法上の評価とは異なるロジックに基づいて算定されます。

株価評価は、評価すること自体が目的でなく、エクイティ資金調達や資本政策のために必要となるものです。

スタートアップは、株式上場またはM&Aによる会社売却によりエグジットを目指すことが宿命づけられています。これらのエクイティ関連のサポートは、起業後、早期の段階で必要になります。早ければ起業後半年~1年くらいのシード期で求められることもあります。

▼ファイナンスに関するサポート内容の違い

大半のスモールビジネスの資本金は、創業者の自己資金による出資です。創業者の自己資金と事業利益だけでは事業資金が不足するようになると、金融機関から融資を受けます。

スモールビジネスを支援する税理士にとっては、このデットファイナンスのサポートも重要な役割になります。例えば、付き合いのある金融機関を紹介するのもその一つです。また、金融機関からの評価が高くなるように、合法の範囲内で利益が増えるように決算を調整することもあります。金融機関が納得できる経営計画書作成のアドバイスが求められることもあります。

中には、顧問先が融資や保証を受けやすくなるように、認定経営革新等支援機関となって経営改善指導を実施する税理士もいます。資金繰りが苦しくなった中小企業の顧問税理士が、経営改善計画書を作成し、経営者や経理担当者と一緒に、銀行の担当者に会計状況を説明するといったこともあります。

一方、スタートアップの資金調達は、ＶＣからの出資などによるエクイティファイナンスが中心となります。したがって、スタートアップ支援税務においては、株価算定に始まり、ＶＣの紹介、ＶＣとの投資契約内容、ラウンドごとの適正な調達額、資本政策、発行する株式の種類（普通株か優先株か）などの、エクイティファイナンスに必要なアドバイスが求められます。

スタートアップの会計処理

税務申告やそのための会計処理に関しては、初期段階のスタートアップとスモールビジネスとで、処理内容に大差はありません。しかし、スタートアップがミドルステージになり、ＩＰＯを具体的に検討する段階になると、会計処理の内容を意識的に変えていく必要が生じます。具体的には、監査法人の監査（Ｎ－３期のショートレビュー）を受ける段階になったら、上場企業に準じた会計処理をおこなっていかなければなりません。

上場企業に準じた会計処理とは、企業会計基準に則った会計処理をおこなうということです。公認会計士、税理士であれば当然ご存じでしょうが、一般に公正妥当な企業会計基準に則った企業会計と税務申告用のための税務会計は、同じ企業の経済活動を対象としていても、目的が異なります。また、そのために会計処理方法にいくつかの重要な差異があります。

本来、会計はステークホルダー（株主、投資家、債権者、取引先など）に向けて、企業の財政状態や経営成績を適切に報告することを第一義の目的としています。それが企業会計です。

一方、税務会計は、税法に基づいて課税所得を算定し、適切な納税額を算出して税務当局に対して報告することを目的としています。税務会計は、法人税法の規定に従って作成され、課税の公平性や税収の確保が重視されています。

つまり、企業会計と税務会計とでは、そもそも目的も開示する相手も違います。そのため、会計処理に用いる概念（「収益、費用、利益」と「益金、損金、所得」など）も違いますし、会計処理における収益（益金）や費用（損金）の認識基準も異なります。また大企業（上場企業や会社法上の大会社）だけに義務づけられていて、中小企業はおこなわなくてもいい会計処理もあります。

例えば、資産の減損処理（減損会計）は大企業だけに義務づけられています。減損処理した額は、企業会計上は費用ですが、税務上は、その期の損金として認められません。したがって、スモールビジネスの中小企業では、損金計上できない減損を計上する意味がないため、現実的には減損処理がおこなわれることはほぼありません。

売買目的や子会社株式など以外の「その他有価証券」を会社が保有している場合に、簿価と時価との差額について、企業会計では税効果会計を適用し貸借対照表の純資産の部にその他有価証券評価差額金として計上し、繰延税金資産あるいは繰延税金負債を立てます。一方、スモールビジネスの中小企業で税効果会計の処理がおこなわれることはまれであり、簿価のままで計上しておかれます。

このように上場企業の会計処理とスモールビジネスの中小企業のそれとでは、異なる部分が多くあります。

上場企業では、企業会計基準に厳密に準拠した財務諸表が作成されます。

しかし、そのままでは所得計算上、税務会計とのずれが生じるため、税務申告に際しては税務会計との処理の差を埋める処理が必要になります。それを記載するのが、法人税申告書の別表四と別表五です。上場企業や上場予備軍の企業の法人税申告書では、別表四と別表五に膨大な記載が生じます。

一方、スモールビジネスの場合は、極端にいえば、企業会計はほぼ関係ありません。最初から税務に寄せた会計処理がなされるため、会計上の利益と税務上の所得にほとんど差異がない状態になっていることが大半です。そのため、中小企業の法人税申告書では別表四、別表五での調整が皆無か、あってもわずかなのです。

スモールビジネスの税務申告しかしたことのない税理士が、スタートアップ支援に入った場合、最初のうちはいいのですが、監査が検討され企業会計に則った会計処理が求められるようになると、対応できなくなることがよくあります。

実際私たちは、「監査法人から会計処理の不備を指摘されたが、今税務を依頼している会計事務所では対応ができないので、税務を見てほしい」というスタートアップ経営者からのご相談を受けることも、たびたびあります。

スタートアップ支援税務のために求められるリスキリング

大企業、スモールビジネスと比較してのスタートアップの特徴は、次のように要約できます。

①起業からしばらくは、事業、組織の実態としてスモールビジネスと変わらない。
②しかし、初期の段階から、将来を見据えたエクイティストーリー、企業価値評価の理解、資金調達、資本政策立案が必要となる。
③さらに、ある時期からＩＰＯの準備が始まり、上場企業に準じた会計・税務処理や内部統制構築が必要になる。

この①〜③を、早ければ４〜５年、もう少しかかっても10年以内程度で進行するのが、スタートアップです。

そこで、スタートアップ支援をおこなう会計人（公認会計士、税理士）には、
①に対応するためスモールビジネスの税務処理の知識とスキル

②に対応するため資本政策やエクイティファイナンス関連の知識とスキル
③に対応するため大企業の会計処理の知識とスキルと、税務処理の知識とスキル
の3点が求められることになります。

大企業の監査や会計サポートをおこなってきた公認会計士は、③の企業会計の知識については、くわしいと思います。また、スモールビジネスの税務顧問をおこなってきた税理士は、①の税務についてはプロフェッショナルですが、②や③の知識とスキルを持つ方は少ないです。

そこで、一般的なキャリアの公認会計士がスタートアップ支援税務に携わりたい場合は、資本政策やエクイティファイナンスの知識と法人税、消費税などの税法と、それに基づいた企業会計と税務申告の差異を埋める申告書作成の実務を学ぶ必要があります。

また、一般的なキャリアの税理士がスタートアップ支援税務に携わりたい場合は、コーポレートファイナンス、企業会計基準（IFRSなども含む）とそれに基づく大企業の会計処理（減損や資産除去債務、引当金処理など）の知識や実務を学ぶ必要があります。

［第4章］

IT、人材サービス、福祉……
スタートアップ支援税務の実例

本章では、実際に私たちが支援させていただいた企業の実例に即して、スタートアップ支援税務の業務内容を見ていきます。ただし、守秘義務があることから、企業名は匿名にします。

起業前から資本政策を意識していたA社の事例

スタートアップ支援税務は、シードステージまたはアーリーステージにおいて、税務申告の相談あるいは、株価算定や資本政策などの相談をきっかけに依頼をされる場合が大半です。

しかし、ソフトウェア開発企業A社の創業者であるH氏とT氏は、法人立ち上げ前のプレシードステージでご相談にみえました。当時、お2人はまだ会社員で、会社勤めをしながらスタートアップ起業を目指していたのです。そして、私の著書『ベンチャー企業を上場成功に導く資本政策立案マニュアル』（中央経済社、現在は第2版）を読んでいただいたことをきっかけにご連絡をいただき、近い将来にスタートアップ起業を予定しているということで、資本政策のご相談を受けました。

そこでアドバイスをしたことがきっかけで懇意となり、A社の法人設立手続きからお手伝いさせていただき、そのまま顧問税理士となりました。お2人は、まだ起業を構想中の会社勤め時代から私のところに資本政策のご相談にいらしていたため、スタートアップの本質をしっかり理解しており、かつ行動力とビジョンを持つ経営者です。

もちろん、起業後はすべて順風満帆に進んだわけではなく、シード段階ではプロダクトがなかなかＰＭＦを確立できず、多くの自社サービスを出して試行錯誤を続けていました。その中の一つがヒット作となったこともあり、急成長を果たします。そして、会社設立から9年でＩＰＯを実現しました。私たちは、現在でもA社の税務顧問を続けています。

資本政策はスタートアップ成功のための重要な鍵

お2人のように、起業前から資本政策まで考えて勉強したり、専門家に相談したりする起業家はまれです。事業やプロダクトについては深く考えて将来像を作っていても、資本政策は楽観視している起業家も少なくありません。その点でも、H氏とT氏は優れたスタートアップ経営者だったといえます。

なぜなら、資本政策はスタートアップ成功の鍵の一つだからです。しかし、スモールビジネスを支援する税理士も、大企業の監査業務に携わる公認会計士も、資本政策についてはよく知らない方のほうが多いです。まして、そのサポート実務をしたことのある人はわずかだと思います。しかしスタートアップ支援税務では、資本政策の知識と実務は欠かせません。そこで、ここでは資本政策について簡単に説明しておきます。

資本政策とは、株式上場等を目指す企業が、いつ、誰に、いくらで、どのような方法で株式の異動や増資などをしていくかを立案することです。そして、株式を保有する株主と、その保有割合、株価などの推移をまとめた表が、資本政策表です。たまにあるのが、この資本政策表（EXCEL）を作成することだけが資本政策業務だという誤解です。しかし、資本政策表はあくまで資本政策の結果がまとめられたものにすぎません。

資本政策の目的は、次の6点に要約されます。

①資金調達（主にVCなどからのエクイティ投資）
②安定株主対策（創業者の持株割合の維持）
③創業者利潤確保（IPO、M&Aなどによるキャピタルゲイン）
④従業員・役員へのインセンティブ付与（ストックオプション）
⑤株式上場基準充足
⑥事業承継対策

これらはいずれも大切で、①②④⑤は、IPOを目指して会社を成長させていくうえで欠かせない要素です。③と⑥については、創業者が経営を継続していくためのモチベーションとして必要です。一般的には、資本政策で最も重要となるのは①資金調達と、②安定株主対策です。①に失敗すれば、資金調達難により、成長の機会を失うこととなります。また、②に失敗すると、経営者の意図する経営ができなくなったり、最悪の場合、取締役から退かざるを得なくなったりする恐れもあります。

① 資金調達（主にVCなどからのエクイティ投資）の重要性

スタートアップはラウンドを重ねながら資金調達していきます。適切な資本政策がなされないと、この資金調達に支障をきたします。まず重要なのが、株価、調達額、持株比率のバランスを考えることです。同じ株価を前提にするなら、ＶＣからの調達額を増やそうと思えば、それだけ多くの株を発行してＶＣに渡さなければなりません。新規発行して株式が増えれば、その分起業家の保有比率は下がります。

では、できるだけ高い株価を見積もればいいかといえば、今度は後のラウンドやＩＰＯに悪影響が出る恐れがあります。高すぎる株価を設定して、その株価に見合うだけの事業実績など成長のマイルストーンに到達できなければ、次回ラウンドでの資金調達が難しくなります。そこで株価を下げざるを得なくなれば、すでに投資しているＶＣからは厳しく批判されます。ＶＣは株価の買値と売値の差額によりキャピタルゲインを得るビジネスですから、これは当然です。

もちろん、成長が想定どおりに進むことを前提とすれば、スタートアップはできるだけ多額の資金を調達したいと考えます。逆に、株をあまり渡さないように、資金調達額を抑えめにするという考え方もありますが、それで事業に必要な資金が不足して必要な開発ができなくなったり、PMFの達成が遅れたりすれば、そのほうが困るためです。最悪の場合、資金繰りにつまって経営が破綻する恐れもあります。

調達額は多すぎても、少なすぎてもだめで、今後の事業成長の進捗見込みや資金需要見込みに応じて、各ラウンドにおいて過不足のない適切な額が設定されなければなりません。それとあわせて、いつ資金調達をするのか、タイミングも重要です。事業上の重要なマイルストーンを達成する前と後とでは、必要な資金額の説得力が異なります。以上のように、VCからの資金調達にあたっては、適正な株価、適正な調達額を想定したうえで、創業者の適切な株式保有比率を維持できる第三者割当増資をおこなうこと、調達のタイミングなどがポイントになります。これらを慎重に考えて計画するのが、資本政策で最も重要な点です。

株価算定とエクイティストーリー

エクイティ資金の調達には、株価が重要な影響を与えます。上場企業の株価は株式市場において一物一価に決められますが、非上場のスタートアップに市場の株価は存在しないため、最終的には、発行会社と投資家との交渉によって決まります。

とはいえ、まったくなんの基準もなければ、交渉のしようもありません。また、株式の譲渡や相続などの際は課税が発生しますので、課税上の要請からも株価の基準がないと困ります。そこで、ファイナンス理論において、非上場企業の株価を算定するための理論がいくつか考案されています。

代表的なものは、純資産価額方式、DCF（ディスカウント・キャッシュフロー）方式、類似会社比準方式、PER（株価収益率）比準方式、PBR（株価純資産倍率）比準方式などです。

詳しくは2023年3月に公開された経営研究調査会研究報告第70号『スタートアップ企業の価値評価実務』をご覧いただきたいのですが、資金調達時における株価算定は、類似の上場企業と何らかの財務指標と比べて、投資の意志決定で用いられる内部収益率法に近い考え方です。

例えば、あるスタートアップと同じような事業をおこなっている上場企業が5社あって、その平均PERが30倍だとします（PER〈株価収益率〉は、株価が当期純利益の何倍になっているかを表す指標で、株式市場では広く用いられています。PER＝株価÷1株あたり当期純利益、1株あたり当期純利益×PER＝株価となります）。

一方で、そのスタートアップの1株あたり当期純利益が1万円だとしたら、「上場時点」において上場企業平均PERから30倍の30万円の株価だと推計されるということです。エクイティの調達では、上場時点の株価で期待するリターンが確保できる「現時点」の株価に落ち着きます。

以上はあくまで考え方の骨格を示しています。

株価算定の際に重要となるのが、すでに述べたエクイティストーリーです。説得力のあるエクイティストーリーで将来の売上や利益を見通すことが、投資家への株価（PERも）に対する合理的な説得力を増大させるのです。

なお、IPO時の株式上場申請書類には、公認会計士による合理的な株価の算定根拠や算定方法などを記載しなければなりません。上場前の段階で、企業の実態と乖離《かいり》した株価での異動や増資がおこなわれている場合、上場審査で問題視される場合があります。また、課税上の問題も生じます。そのため、スタートアップは、株式の異動や増資がおこなわれる場合、株価が合理的な根拠により算定されたことを示す株価算定書を入手するのが安全です。そこで、求められれば株価算定をおこなうことも、スタートアップ支援税務の業務となります。

VCへの割当でよく用いられるみなし清算条項付きの優先株式

なお、株式には普通株式以外に「種類株式」と呼ばれるものがあります。これは株主の一定の権利において普通株式に優先するあるいは劣後することが定められたものです。優先株は会社法で9種類の類型が規定されていますが、ほかにも株主間の契約により規定されるものもあります。

VCに対して第三者割当増資をおこなう場合、現在は普通株ではなく、株主間契約を前提に、みなし清算条項がついた優先株を用いることが一般的です。みなし清算条項とは、簡単にいうと、M&Aで売却された場合に、その売却企業が清算されたものとみなして、投資家に優先的に財産を分配するというものです。

例えば、創業者が1億円を出資した企業が9億円の株主価値になったときに、1億円をVCが出資したとします。株主価値は10億円で社長の割合は90%、VCが10%です。そのあと、M&Aにより3億円で全株を売却したとします。すると、売却代金の3億円のうち、創業者の取り分は2億7000万円、VCの取り分は3000万円です。経営者は利益を得られますが、VCは納得できないはずです。

そこで、出資契約にみなし清算条項を入れておき「1株につき出資額と同額」の優先分配を認めることとします。すると出資額分はVCが先にもらう権利があるので、先述したようなM&Aの際に、まずVCが1億円を得ます。さらに残りの2億円を創業者とVCに、持株比率に応じて按分します。VCの取り分は合計1億2000万円となり、創業者の取り分は1億8000万円となります。

みなし清算条項は、経営者のモラルハザードを防止するという意味もあります。この場合、普通株式と優先株との経済的な価値を比べれば、優先分配される優先株のほうが、普通株式より経済的価値が高いことは明らかです。しかし、優先株のほうがどれだけ価値が高いのかを定量的に評価するには、起こりうる事象の確率も考慮にいれた精密な計算が必要です。

資金調達で優先株を発行する場合の株価算定においては、以上のような種類株式による価値の差も考慮した算定がなされなければなりません。

ここまで入り込むと、スタートアップ支援税務としても、かなり専門的な領域になり、実務対応するためには、相応の知識と経験が必要になります。しかし、少なくともその考え方は知っておく必要があります。

② 安定株主対策の重要性

いうまでもなく、株式会社の最高意思決定機関は株主総会であり、株主総会での議決権は保有株式数に比例して株主に与えられます（全株が普通株式の場合）。株主は全議決権に対する保有議決権比率に応じて、各種の決定権を持つことが会社法で定められています。

例えば、3分2以上の議決権があれば、特別決議により、会社の解散をはじめとした重大な決議をすることができます。逆にいうと、3分の1以上の議決権があれば、特別決議を阻止することができ「拒否権」と呼ばれることもあります。

また、過半数の議決権で、取締役や監査役の選任・解任、配当金の決定などを決議できます。その他、会社法では保有議決権比率に応じた権利が細かく規定されています。

エクイティ投資により資金調達をするということは、この議決権を第三者に譲り渡すという意味でもあります。

仮に、経営者の持株比率が49%、VCの持株比率が51%になったとすると、VCによって経営者が取締役から解任されることも、(現実にはともかく)理論上はありえるということです。

過半数は超えないにしても、3分の1以上の議決権があれば、特別決議によるM&Aなどを阻止することもできます。

それらを踏まえたうえで、創業者がどれだけの割合を保有するのがよいかは、その企業によるとしかいえません。〝ものいわぬ株主〟だから、過半数の株を持たれても大丈夫だというのも、一つの考え方です。しかし、あくまで一般論でいえば、ラウンドを重ねていく場合でも、創業者が過半数の議決権を保有している状態を維持することが望ましいといえます。

資本政策を考える時期

この資本政策は、一度実行すると、やり直しがきかない場合が多いです。そこで、将来にＩＰＯを目指すスタートアップであれば、本来は法人設立時点で、初期的な資本政策を考慮しておかなければなりません。安定株主対策でいえば、創業時から株（株主）を分散させないように気をつける必要があります。

よくあるのが、経営者仲間やパートナーがいるときの株の分配です。これを深く考えずに決めてしまうと、後々必ず後悔します。また、起業資金をまかなうために、家族に出資してもらって株主になってもらうこともよくあります。これも、可能な限り避けたほうがいいです。経営にフルコミットしない人への多くの持分付与は厳禁です。

既出のＡ社のように、起業前からご相談を受けることができれば、法人設立時の株主構成についてもアドバイスすることが可能です。しかし、法人設立時に、創業者が３分の

2以上の株式を保有していない場合は、創業者への割当増資によって保有比率を変えるといったことが難しくなることもあります。そこで、スタートアップの資本政策は、可能な限り早期から考えておくようにアドバイスをします。

どんな資本政策をとるにしろ、決めるのは経営者です。スタートアップ支援税務の役割は、資本政策の意味と目的をしっかりと経営者に説明して、経営者自身でそれが策定できるようにサポートすること、登記などの実務の手伝いです。

ストックオプションを導入したB社

B社は創業から30年程度が経ち、IPOが視野に入るという中堅企業です。Y社長とは、ある方からストックオプションの検討をしている社長がいるとご紹介されて知り合いました。ストックオプション設計から入って、その後社外役員もお引き受けするようになって、現在に至ります。

スタートアップの経営者には、大きな夢物語を語ることが好きな人もいますが、Y社長はそれとは正反対のタイプです。もちろんしっかりとした経営ビジョンをお持ちですが、大風呂敷を広げて大言壮語をしたりすることが嫌いな実直な性格の方です。

あるとき、着実に業績を伸ばしていたY社長から、ストックオプションを検討したいというご相談を受けました。ストックオプションの設計をするためには、上場後の事業規模や時価総額を想定して、株価を算定しなければなりません。

しかし、私がそういった話をしても、Y社長はそんな先の分からないことを口先だけで言うのは嫌だ、経営は行動と結果で示すものだとお考えでした。私は、出資を受けて証券市場に上場するということは、投資家に対して将来の成長可能性をあらかじめきちんと説明して見せるようにしなければいけないといったことを、何度かご説明しました。

Y社長は、同業の上場企業X社を事業上のベンチマークとしていました。しかし、Y社長の将来想定では同業のベンチマークとしている企業のPERから推計すると、IPO時点の時価総額がかなり低くなってしまいます。

そこで、私は、Y社長がベンチマークとしているX社の有価証券報告書などの公開資料を基に、増資やストックオプションの付与割合などを含めて、分かる範囲で上場前の資本政策を推定しました。

そして、B社の人員に当てはめて、同じようなストックオプションを付与した場合、その額が相当小さくなってしまうということをY社長に示しました。ストックオプションは、大企業ほどの高い給与を支払えず不安定でもあるスタートアップが優秀な人材を定着させるための施策であり、その額が小さすぎれば実施する意味が薄れます。

ベンチマークとしていたX社の上場前の資本政策を知り、Y社長は将来像を修正して、エクイティストーリーをブラッシュアップしました。結果として、役員や社員に適正な額のストックオプションを付与できました。

ストックオプションはスタートアップが優秀な人材を確保するための重要な武器

スタートアップが成功するか否かは、経営者以外にどれだけ優れた人材を採用できるかにかかっています。経営者がいかに優れた人物だったとしても、1人でIPOに至るまで企業を育てることは不可能です。優秀な人材をそろえたチームを作ることが必要です。しかし、スタートアップの経営は不安定であり、給与も大企業のように支払うことはできません。それでも、新しい価値を作り上げることの面白さや社会課題を解決するミッションに共感して働いてくれる人はいますが、やはり、そういったやりがい要素だけでは、人を定着させておくことは難しいのが現実です。

そこで、ほぼすべてのスタートアップは、ストックオプションを採用の武器として役員や主要な従業員に付与します。ストックオプションとは、将来の一定期間内に、一定の価格で、その会社の株式（ストック）を買うことができる権利（オプション）です。日本語では「自社株購入権」といい、買える価格のことを（権利）行使価格といいます。

例えば、あるスタートアップで働く人が、行使価格1000円のストックオプションを1000株付与されたとします。その時点では、そのストックオプションはほぼ無価値です。しかし、将来その会社が上場して株価が10万円になったときに、その権利を行使すれば1000円で1000株を買うことができます。購入価格は1000円×1000株＝100万円です。そして購入した株の資産価値は、10万円×1000株＝1億円になります。

実際には、ストックオプションの付与は発行済み株式数の何％という形で設定されます。経営者以外の創業メンバーや、資金調達後に参画したCxOの役員には、発行済み株式数の1～2％のストックオプションを付与することもあります。

メルカリは、上場直後の時価総額が8000億円を超えました。仮に1%のストックオプションを付与されていたとすると、80億円分の株式を取得できることになります。

メルカリは例外的な成功例ですが、1000億円程度までの成長はさほど珍しくありません。ちなみに、2023年の東証グロース市場における上場時時価総額の平均値は151億円、中央値は76億円でした。

一方、上場できなかった場合、あるいは上場しても株価が行使価格を下回っている場合は、ストックオプションの価値はありません。ストックオプションは義務ではなく、権利なのでその権利を行使しなければよいだけで、付与された人が損失を被ることはありません。

このように、ストックオプションは、付与された人にとってデメリットがない一方で、IPOの実現、あるいはその後の株価上昇により、大きな経済的利益をもたらしてくれる可能性があるものです。企業の成長と自分の経済的利益が直結するため、企業価値増大に向けて働くモチベーションをアップさせます。

経営者によるストックオプション発行計画の策定をサポートする

一方で、ストックオプションは、将来に権利行使されると、株式数の増加により株式価値を希薄化させます。そのため、むやみやたらに発行すればいいというものでもありません。ストックオプションの発行量は、実務上は上場時持株比率の10％が目安ですが、「だれに」「全部で何人に」「どれくらいの株数」を付与するのかというのは、資本政策のみならず人事政策とも密接に関連しています。

また、ストックオプションには、「税制適格ストックオプション」「税制非適格ストックオプション」「有償時価発行ストックオプション」の3種類があります。

これらの違いの主要な点は、ストックオプションを付与された人の経済的な利益に対する課税上の扱いです。

▼税制適格ストックオプションとは

税制適格ストックオプションでは、一定の要件を満たすことで、ストックオプションを

ストックオプションの種類

- 税制適格ストックオプション
- 税制非適格ストックオプション
- 有償時価発行ストックオプション

種類	有償or無償	行使時点課税	売却時所得種類
税制適格	無償	行使時課税なし	譲渡所得
税制非適格	無償	給与所得	譲渡所得
有償時価発行	有償	行使時課税なし	譲渡所得

付与された人（被付与者）が、その権利を行使（株式に転換）した時点では課税されず、株式を売却した時点で課税されることとなります。

例えば、ある会社で、ストックオプション付与時点での株価が1株500円と評価されており、権利行使価格600円でストックオプションが発行されたとします。

その後、無事に株式上場を果たし、ストックオプション被付与者が権利を行使して株式を得たとします。その時点の株価が例えば1500円だとすれば、権利行使価格600円で1500円の株を取得できるので、900円の経済的な利益があります。しかし、税制適格ストックオプションでは、この時点では課税されません。その後、この会社の株が2000円になったときに売却したとします。するとこの時点で被付与者に課税が発生します。課税対象となる所得金額は、売却価格2000円から権利行使価格600円を引いた1400円に、株数を乗じた額となります。

そして、所得の種類は譲渡所得となります。税率は、所得税、住民税、復興特別税の合計で、所得金額にかかわらず一律20・315％です。

ストックオプションによる株式売却益は、場合によっては数億～数十億円になることもあります。総合課税となる給与所得だとすると、累進税率の最高税率部分は55・945％（所得税、住民税、復興特別税の合計）となるため、それと比べると非常に低い課税となります。

そのため、できれば税制適格ストックオプションで発行されるほうが、被付与者にはうれしいのですが、その発行には次のような厳しい制約があります。

（1）権利行使が付与決議の日から2年超10年以内（設立5年未満の非上場会社は15年を経過する日まで：2023年改正）　→短期でのイグジットを目指すスタートアップ向きではない

（2）他人への譲渡禁止　→M&Aでのイグジットで困る

（3）付与対象者が会社又は子会社の取締役・使用人等であること（大株主と大株主の特

別利害関係者は除く）↓社外協力者のインセンティブにできない

（4）発行済株式の3分の1を超えないこと↓創業者などの大株主には付与できない

（5）新株予約権の権利行使価格の年間合計額が、1200万円以下であること（2024年度税制改正により、上限2400万円／年、上限3600万円／年となる場合もある）

（6）権利行使価格が契約締結時の時価以上であること

▼税制非適格ストックオプションとは

一方、ストックオプションは、税制適格ではない形（税制非適格ストックオプション）で発行することもできます。しかし、税制非適格ストックオプションの場合、被付与者はストックオプションの行使時と株式売却時の両方で課税されてしまいます。

権利行使時は、単にストックオプションを株式に転換するだけですから、被付与者は現金を得ているわけではありません。それにもかかわらず課税が発生し、現金で納税をしなければならないため、被付与者にとって大きな負担となります。さらに、その所得種類は給与所得として総合課税の対象となるため、先に見たように課税負担が激増します。

▼有償時価発行ストックオプションとは

通常、ストックオプションは、役員、社員へのインセンティブとして発行するのですから、無償発行が当然だと考えられます。しかし、税制非適格ストックオプションの権利行使時での課税を避けるために、税制非適格ストックオプションをあえて有償で発行するという方法もあります。

こうすることで、税制適格ストックオプションと同様に、権利行使時の課税はされず、株式譲渡時の譲渡所得課税のみとすることができます。また、税制適格ストックオプションと異なり、創業者などの大株主や社外協力者への発行も可能になる点もメリットです。

ただし、有償時価発行ストックオプションの場合は、その価格をいくらにするのかが重要で、公正に評価された時価での発行が必要です。この点をいい加減にすると、あとで大問題になりますので、株価評価に関する専門知識が求められます。

以上のように、ストックオプションは、この3つの種類のいずれを選ぶのか、行使価格をいくらにするか、また、行使期間や行使条件などさまざまな設計事項があります。

これらをすべて踏まえたうえで、どのようなストックオプションを、だれに、どれだけ発行するのかを最終的に決めるのは経営者です。どの種類のストックオプションをどのような内容で発行すべきなのかは、従業員へのインセンティブ対策という点でも非常に重要です。

つまり、ストックオプションは単なる資本政策ではなく、人事政策でもあり、会社の組織・文化を形作る要因でもあるので、その内容は経営者にしか決められないのです。しかし、ストックオプションに関する税務上の論点や効果を最初から正確に理解している経営者は、まずいません。

そこで、スタートアップ支援税務の担当者は、その詳細を理解したうえで、ストックオプション発行が将来の株価に与える影響や、発行量の目安などをアドバイスして理解してもらいながら、経営者がおこなうストックオプション発行計画をサポートしていきます。

●2024年度税制改正による変更

現在、国も産業振興策としてのスタートアップの育成・振興に力を入れています。

その一方で、スタートアップにとって重要な「武器」となるはずのストックオプションの行使に対する課税上の取り扱いが、スタートアップの現状に即していないものとなっているという点は以前から指摘されており、改善が望まれてきました。

スタートアップでは、創業者はもちろん、役員や社員も、起業からしばらくの間は、成功するかしないか分からない新規事業の育成に賭けて、低い賃金で猛烈に働きます。それでも社会にイノベーションを起こすためにリスクを取ってチャレンジしたことへの経済的な見返りの一つが、ストックオプションです。そして、実際にはＩＰＯに至るまでの成功は成し遂げられず、ストックオプションが無駄になるスタートアップのほうが多いのです。そのような性格に鑑みて、以前からストックオプション税制には議論の余地があるという声が上がっていました。それを受けて、２０２３年度からストックオプション税制は改正が行われています。

それを踏まえて、２０２４年度税制改正においては、税制適格ストックオプションについて、主に次の3点で変更がありました。

1点目は、M&A時に柔軟な対応を可能とするため、発行会社自身による権利行使後の株式管理スキームを創設することです。2点目は、年間権利行使価格の限度額を最大で現行の3倍となる3600万円へ引き上げることです。そして3点目は、社外高度人材への付与要件の緩和・認定手続の軽減です。

以上の改正により、スタートアップにとって、税制適格ストックオプションの利便性は、以前よりは向上しそうです。

減資で無駄な出費を減らしたC社

C社は、AI分野のテックスタートアップでした。事業テーマが時流に乗っていることもあり、起業から5カ月でプレシリーズA、1年後にシリーズA、2年後にはシリーズBと、順調にラウンドを重ねて資金調達に成功しました。調達額は7億円に上りました。

一方で、AI分野は競争相手も多く、しかも進歩が速い分野です。C社も、ヘッドハンティングなども活用しながら大量のエンジニアを雇用して開発を進めていますが、プロダクトの収益化はなかなか進みませんでした。2期目の決算までは、2億円以上の累積赤字です。増資による資金調達が進んだことによって、初年度には5000万円だったC社の資本金は、3期目には3億円になってしまいました。

C社の社長が私たちのところに訪れたもともとの理由はストックオプションの相談でした。しかし、C社の決算書を見て、私は社長に減資の予定はないのかと尋ねたところ、社長はまったく念頭にないようでした。私が社長に減資の意義を説明して実行することをおすすめしたところ、納得いただき、3期末までに減資の手続きを終えることができました。

資本金が1億円を超えるとデメリットもある

税制上、資本金が1億円を超えると、外形標準課税が適用されます。外形標準課税では、課税標準として所得額のほかに、付加価値額と資本金等の額が加わり、課税額が増大します。

一方、資本金1億円以下の中小法人には、税制上、次のような特例が認められています。

・法人税率15％の軽減税率
・貸倒引当金の繰入れ
・欠損金等の無制限の控除
・欠損金の繰戻しによる還付制度
・貸倒引当金の法定繰入率の選択
・交際費等の損金不算入制度における定額控除制度

これらの違いによって、同じ業績でも資本金1億円超と1億円以下とでは、課税額に大きな差が生じます。

さらに、資本金が5億円以上になると、会社法上の大会社となります。C社は、今後の調達によっては、大会社となる可能性がありました。そうなると、会計監査人による監査が義務付けられるようになります。ＩＰＯが近くなれば、いずれにしても監査は必要ですが、まだＰＭＦも達成しておらず、赤字を掘り続けている段階で監査法人監査にリソースを使うのは時期尚早です。そんなお金があるなら開発に使うべきです。

ほとんどの業種では資本金額が高いことによるメリットはなにもありません。そこで、スタートアップでよく使われるのが減資です。特にC社のように、早期から調達に成功して、資本金額は大きくなっているものの、事業自体は赤字が続く見込みである場合には、減資は非常に有効です。

この場合の減資は、資本金を累積欠損金に振り替えて填補する、欠損填補という方法を用います。資本金（資本準備金）と、累積欠損金を相殺するということです。C社の場合はその相殺により、資本金の額を1億円以下にすることができました。

［第5章］

スタートアップ支援で社会貢献し、自身のキャリアと日本の将来を切り拓く

新規株式上場支援実績

2018年	HEROZ（4382、情報・通信） ブティックス（9272、サービス業） ニッソウ（1444、建設業）
2019年	AI CROSS（4476、情報・通信） Link-Uグループ（4446、情報・通信）
2020年	グッドパッチ（7351、サービス業） Macbee Planet（7095、サービス業） まぐまぐ（4059、情報・通信） ヘッドウォータース（4011、情報・通信） プレミアアンチエイジング（4934、化学） Creema（4017、情報・通信） ポピンズ（7358、サービス業）
2021年	ハイブリッドテクノロジーズ（4260、情報・通信） サクシード（9256、サービス業） JDSC（4418、情報・通信） AB＆Company（9251、サービス業） デリバリーコンサルティング（9240、サービス業） テンダ（4198、情報・通信） ネオマーケティング（4196、情報・通信） ヒューマンクリエイションホールディングス（7361、サービス業）
2022年	モイ（5031、情報・通信） POPER（5134、情報・通信） フーディソン（7114、卸売業） ELEMENTS（5246、情報・通信）2023年
2023年	ナイル（5618、情報・通信） 笑美面（4237、サービス業） AVILEN（5591、情報・通信）
2024年	Supeet（269A、情報・通信） Terra Drone（278A、精密機器） ククレブアドバイザーズ（276A、不動産業）

２０１６年１月に税理士法人をスタートし、９年以上の時間が経ちました。この間に私たちが支援をさせていただいた数多くのスタートアップから、上表の30社が上場を実現させています（括弧内は証券コードと業種区分）。

これらの企業のほ

かにも、IPOではなくM&Aでエグジットを実現し、大手企業グループのネットワーク力を活かして急拡大している会社もたくさんあります。また、IPOには至っていないものの、着実にビジネスを成長させながら、そのチャンスをうかがっている会社もたくさんあります。

創業して10年も経っていない、そして、スタッフ数が30人程度と決して大きくない事務所としては、かなり突出した支援実績だと自負しています。しかし、私が「十分以上によくやった」と満足しているかといえば、まったくそんなことはありません。むしろ、まだまだ足りないと感じているというのが本音です。日本にはまだまだスタートアップも、スタートアップを支援する会計人も足りないのです。

日本経済のプレゼンスは低下し、国民は貧しくなる一方

2024年2月、1989年12月から数えて実に34年ぶりに、日経平均株価が最高値を更新しました。しかし、奇しくも同月、もう一つ見逃せない重要な経済ニュースがありま

「世界競争力ランキング」日本の総合順位の推移

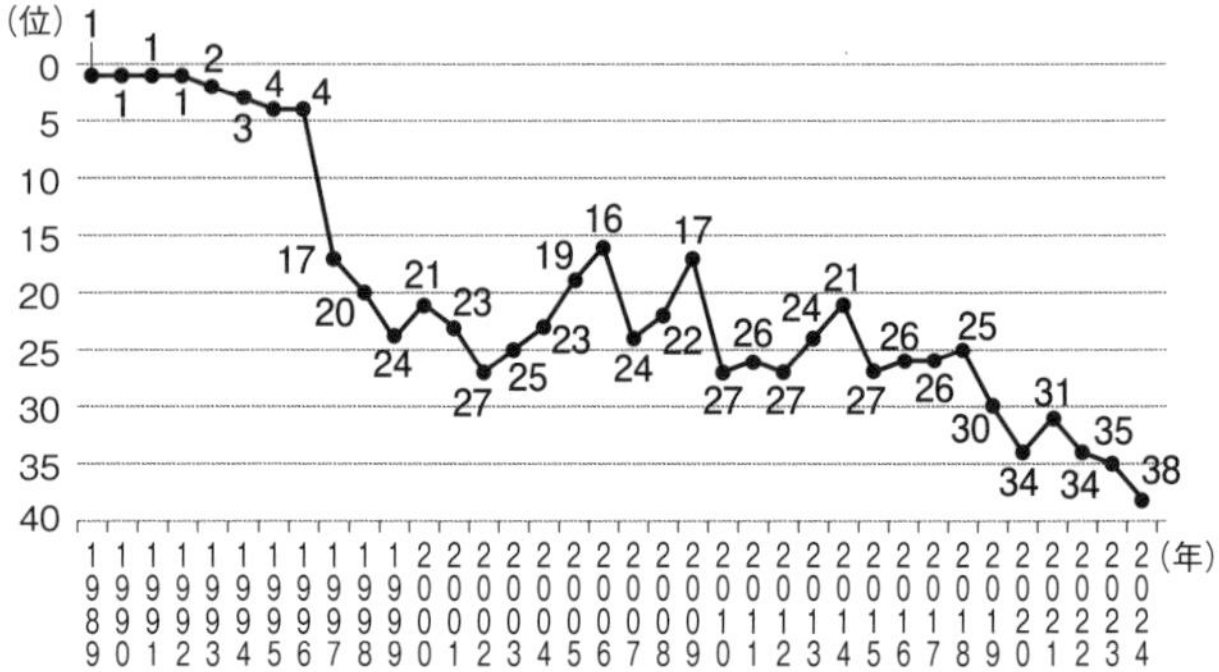

出所：IMD「世界競争力年鑑」各年版を基に三菱総合研究所作成

した。2023年のGDP（国内総生産）がドイツに抜かれ、世界第4位に転落したことが発表されたのです。

ドイツの人口は約8400万人で、1億2500万人の日本と比べて3分の2強程度です。2023年の国民1人当たり名目GDPで見ると、日本は世界で34位と上位ではあるものの、トップグループには入っていません。G7の中では、28位のイタリアに大きく差を付けられて最下位です。

株価は確かに高値を更新したかもしれませんが、いわゆる「失われた30年」で低下した日本経済のグローバルなポジションは、未だに凋落《ちょうらく》傾向が終わっていないと思われます。それを裏付けるデータは多数あります。

例えば、スイスのビジネススクールの国際経営開発研究所（ＩＭＤ）が世界各国の産業競争力を比較した「世界競争力ランキング」という指標で、１９８９年の日本の国際競争力は「世界1位」とされていました。その後１９９０年代後半に急落し、以後は長期凋落傾向となり、最新の２０２４年データでは、過去最低の38位になっています。マレーシア、カザフスタン、ポルトガル、クウェートなどの国々より下です。

また、世界の企業時価総額トップ50社のランキングに、１９８９年には日本企業が32社も含まれていたのに対し、２０２４年にはかろうじてトヨタ自動車が39位にランクインしているだけです（２０２４年世界時価総額ランキング〈STARTUPS JOURNAL〉）。

１９８９年といえば、バブル経済ピークの年であり、日本企業の株価もまさにバブル的に膨らみすぎていたということはあります。しかし、その後、日経平均株価はバブル期を超えているにもかかわらず、企業時価総額トップ50社のランキングにトヨタ自動車しか存在しないのは、日本企業の国際的なプレゼンスがここ三十数年の間に大きく低下したこと

実質賃金（マンアワーベース）の国際比較

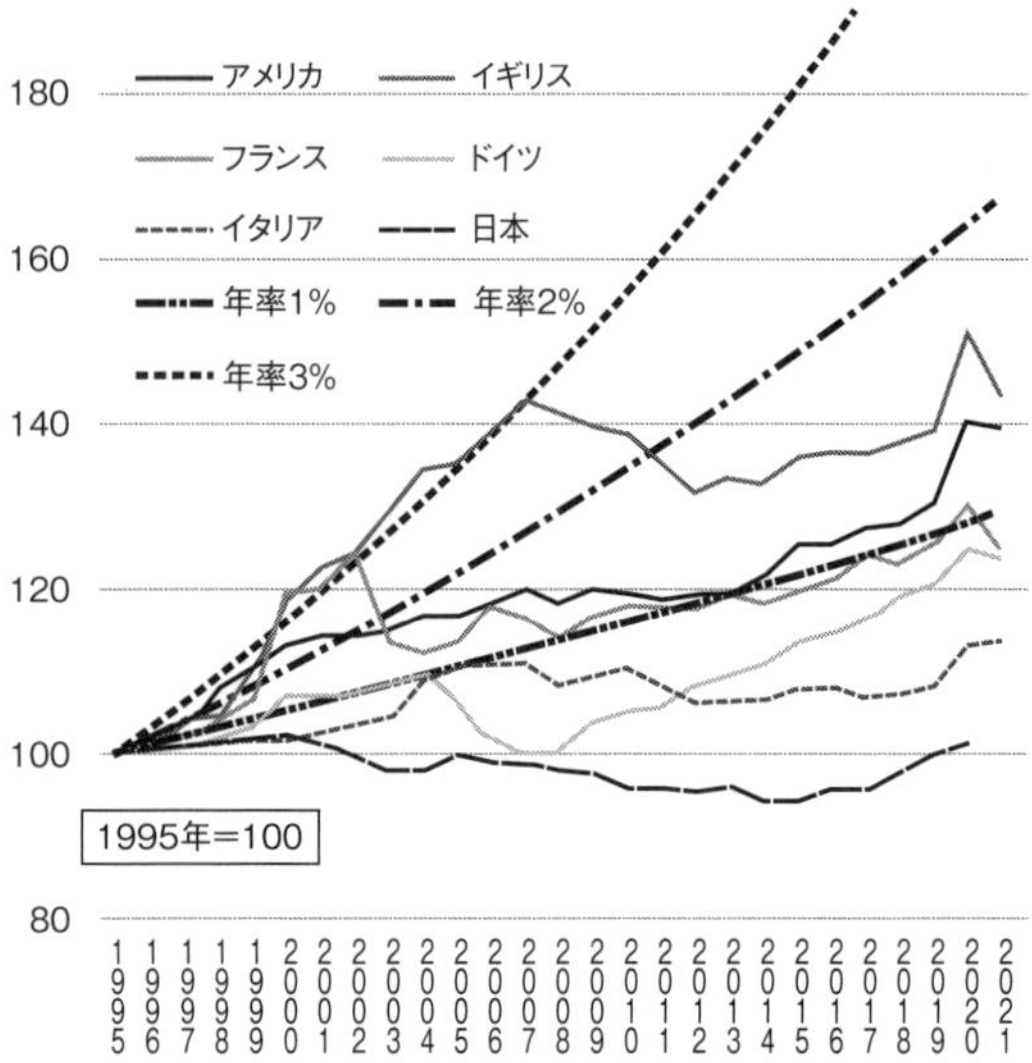

出典：厚生労働省「経済指標の国際比較」

を如実に示しています。

その一方、２０２４年の時価総額ランキングでは上位50社のうち33社がアメリカ企業となっています（１９８９年は15社で第2位）。

株式市場全体の時価総額の推移を見ると、日本がようやく１９８９年の水準に届いた程度であるのに対して、同期間のアメリカ株式市場の時価総額は10倍以上に伸びています。

低迷しているのは、マクロ

経済指標や株式指標だけではありません。生活の基盤をなす賃金も低迷を続けています。長期で見た実質賃金もこの30年間ほとんど上昇していません。足下では、２年（24カ月）以上、実質賃金の前年同月比割れが続いています。

なお、経済指標の国際比較については、ドルベースで評価されることから、２０２２年以降の急速な円安の影響という側面もあります。しかし、為替レート自体が、将来の国力への期待が反映されている面があります。円が安くなったのは、直接には日米金利差の影響ですが、長期間にわたって中央銀行が金利を上げることができないこと自体が、日本経済の脆弱さを示していると考えられます。

このように、日本経済が低迷を続けそこから脱せていないことには、さまざまな要因が考えられます。

イノベーティブな商品やサービスを創造し、大規模な消費を生み出すとともに、新たな産業を築いて大量の雇用を生み、経済成長のドライバーとなるような大規模スタートアップが

日本（TOPIX）と米国（S&P500）における
直近10年間の株式市場のパフォーマンスの推移

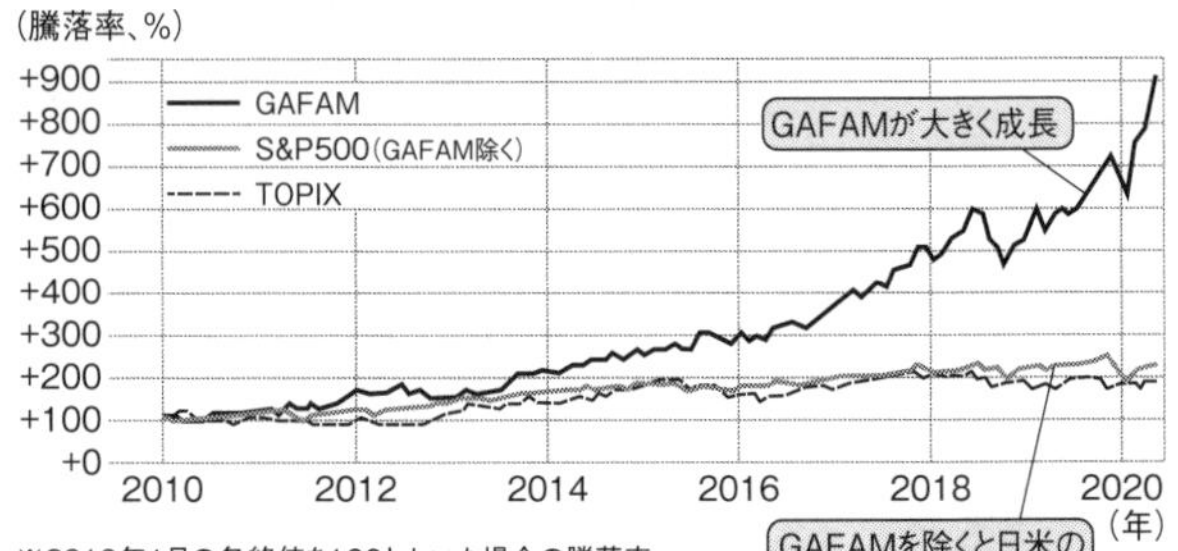

※2010年1月の各終値を100とおいた場合の騰落率。
休場日は前営業日の終値をプロットしている。

出典：第4回産業構造審議会 経済産業政策新機軸部会 事務局説明資料
「スタートアップについて」

ほとんど生まれていないことも、要因の一つであることは間違いありません。

実際、2010年代以降のアメリカ経済の成長を牽《けん》引《いん》した立役者は、「GAFAM」と呼ばれる新興IT企業群、すなわちGoogle（Alphabet）、Amazon、Facebook（Meta）、Apple、Microsoftです。

これらGAFAMの存在の大きさは、株価指数暴落率の推移をGAFAMとそれ以外に分離して見てみるとよく分かります（上図）。これら5社を除くと、水準としても傾向としても、日米に大差はありません。最近では、ここに電気自動車のテスラと、ＡＩブームで急成長したNVIDIAなどを加えた「マグニフィセント・セブン」というグルーピングもよく用いられます。マグニフィセント・セブンの中でも、AppleやMicrosoftは、比較的歴史が長い企業ですが、それでも創業は１９７０年代です。ほかはこの20〜30年以内に、スタートアップから発展した企業であり、アメリカ経済を主導するのがスタートアップであることが分かります。

また、アメリカ、中国、インドなどの世界各国では、企業価値10億ドルを超えるスタートアップ非上場企業、いわゆる「ユニコーン企業」が続々と誕生しています。デカコーン（企業価値１００億ドル超）やヘクトコーン（同１０００億ドル超）と呼ばれる超巨大スタートアップも存在します（なお、本来、ユニコーン等は非上場企業を指す言葉ですが、最近は上場後数年以内のスタートアップを含めることもあり、本書もそれにならっています）。

こうした巨大な新興企業が次々と現れて産業にダイナミックな新陳代謝や変化をもたらし、ポジティブで健全な競争を生んでいることが、各国の全体的な競争力を高めているのです。一方、日本では、最近になってようやくスタートアップからユニコーン企業が登場

ユニコーン企業のスタートアップ

各国のユニコーン企業数の推移*1

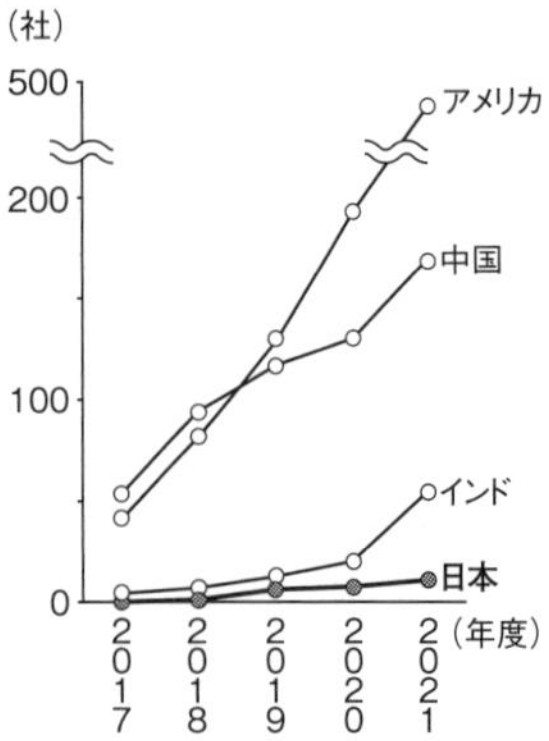

ユニコーン企業価値合計の国際比較*2

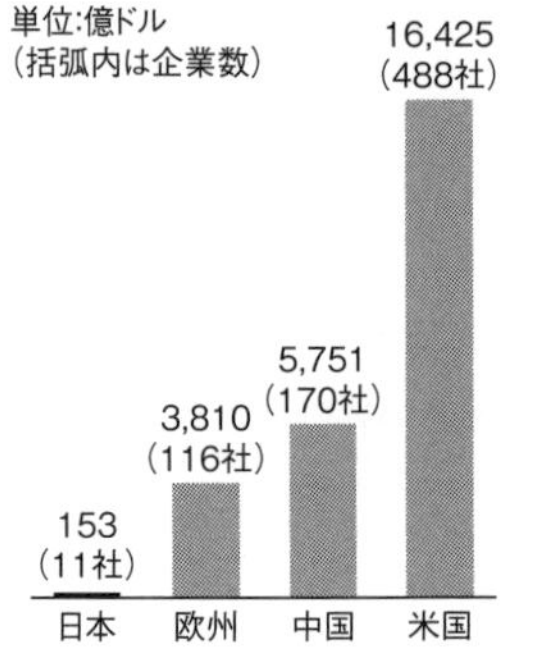

ユニコーン企業価値の国際比較(上位5社)*2

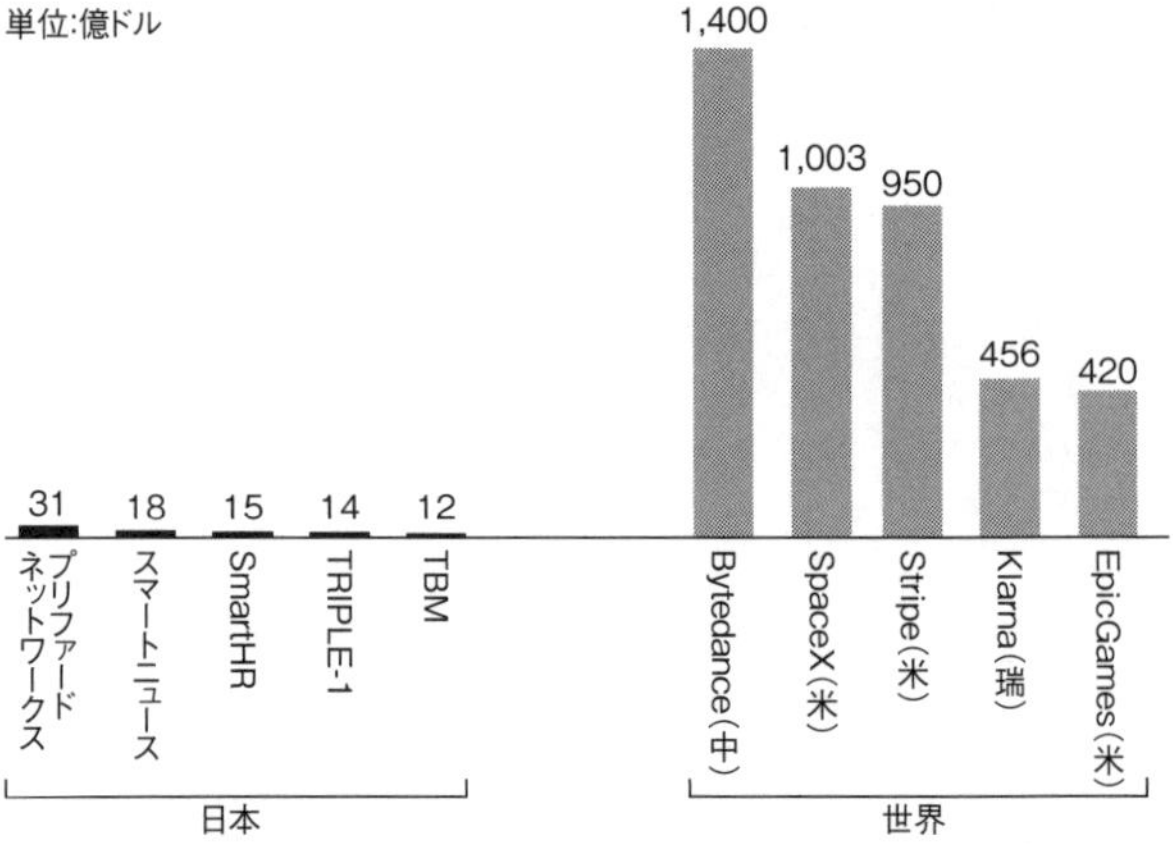

*1：2021年12月時点でユニコーンではない企業は積算されていない。　*2：1ドル=115円で換算。

出典：第4回産業構造審議会 経済産業政策新機軸部会
事務局説明資料「スタートアップについて」

してきたものの、グローバルで認知されているデカコーンやヘクトコーンは、まだ存在していません。

危機意識を背景に生まれた「スタートアップ育成5か年計画」

日本経済を長期凋落傾向から回復させるためには、グローバルに活躍し、経済成長のドライバーとなるようなスタートアップが数多く登場することが不可欠な要素です。その認識のもと、政府によるスタートアップ活性化政策をパッケージ化したのが、２０２２年11月に公表された「スタートアップ育成5か年計画」です。

成長と分配の好循環、賃金と物価の好循環を実現することを目指す「新しい資本主義」実現のために、競争力のあるスタートアップを生み育てる環境（スタートアップ・エコシステム）を構築・強化することを目的としています。

具体的には、２０２７年度までに「スタートアップに対する年間投資額を10兆円規模（現在の10倍超）に成長させる」ことを目標として掲げ、それをもとに将来的には「ユニコーン企業１００社、スタートアップ10万社」を創出し、日本を「アジア最大・世界有数のスタートアップ集積地」にすることを目指すとしています（スタートアップ育成5か年計画ロードマップ〈内閣府〉）。

具体的には、「人材・ネットワーク構築」「資金供給強化・出口戦略多様化」「オープンイノベーション推進」の3つの観点から、プレシード期～レイター期にわたる総合的な支援政策が実施、計画されています。

次ページに、主要な支援政策の内容を簡単にまとめておきます。

スタートアップ起業は増えている

海外に比べて後れを取っているとはいえ、日本でも、2000年代初頭からスタートアップ・エコシステムは存在し、着実に育ってきています。まず、国内の起業数（新設法人数）は、2000年以降増加傾向にあり、2000年には約7万2000社だったのが、2023年には15万2860社と2倍以上になっています。

主な支援政策内容

対象ステージ	主な支援政策
プレシード／シード	「未踏事業」プロジェクトの拡大：各界の第一線で活躍するプロジェクトマネージャーがメンターとなり若手人材の発掘・育成を行う事業を拡大 「未踏事業」からの横展開：NEDO・産総研が中心となりディープテック分野の人材育成と起業支援を行う 「J-StarX」：若手起業家や学生などをスタートアップ先進地域に派遣し、メンタリングや現地キープレイヤーとのネットワーキングなどの機会を提供 「Japan Innovation Campus」：米シリコンバレーにスタートアップ支援拠点を設立 「グローバル・スタートアップ・アクセラレーション・プログラム」：海外のトップアクセラレータを招聘して支援プログラムを実施 「大学発新産業創出基金事業」：地域の中核大学などを中心とした学官連携による大学等発スタートアップ創出支援 「スタートアップ創出促進保証制度」：経営者個人保証を不要とする創業時の新しい信用保証制度を創設 「エンジェル税制」の拡充：スタートアップ投資を行う個人に対する税制優遇措置の拡充（プレシード/シード期スタートアップへの投資について課税繰り延べではなく非課税とする、起業家による会社設立のための出資や有償新株予約権の取得金額も対象とする、など）
アーリー／ミドル	「ディープテック・スタートアップ支援基金」「ディープテック・スタートアップ支援事業」：ディープテック分野の実用化・量産化に向けた研究開発を助成 「創薬ベンチャーエコシステム強化事業」：認定VCが出資・ハンズオン支援を行う創薬ベンチャーに対して補助金を支給
レイター	「オープンイノベーション促進税制」の拡充：国内事業会社またはその国内CVCがオープンイノベーションを目的として設立10年未満の国内外スタートアップの株式を取得した場合の課税所得控除措置を拡充（M&Aなどによる発行済株式の取得も対象とするなど） 「産業革新投資機構（JIC）のスタートアップ支援」：非上場株式セカンダリー市場などへの資金供給を行うファンドを設立
全般	「ストックオプション税制」の拡充：税制適格ストックオプションの条件緩和、発行会社自身による株式管理スキームの創設など 「スタートアップ・エコシステム拠点形成の推進」：日本各地に拠点都市を整備 「J-Startup スタートアップ育成支援プログラム」：グローバルに活躍する潜在力を持ったスタートアップを選定し、官民連携で集中支援 「J-Startup Impact インパクトスタートアップ支援プログラム」：スタートアップのロールモデルとなることが期待される企業を選定し、官民連携で集中支援

新設法人数・起業者年齢推移（2000年〜）

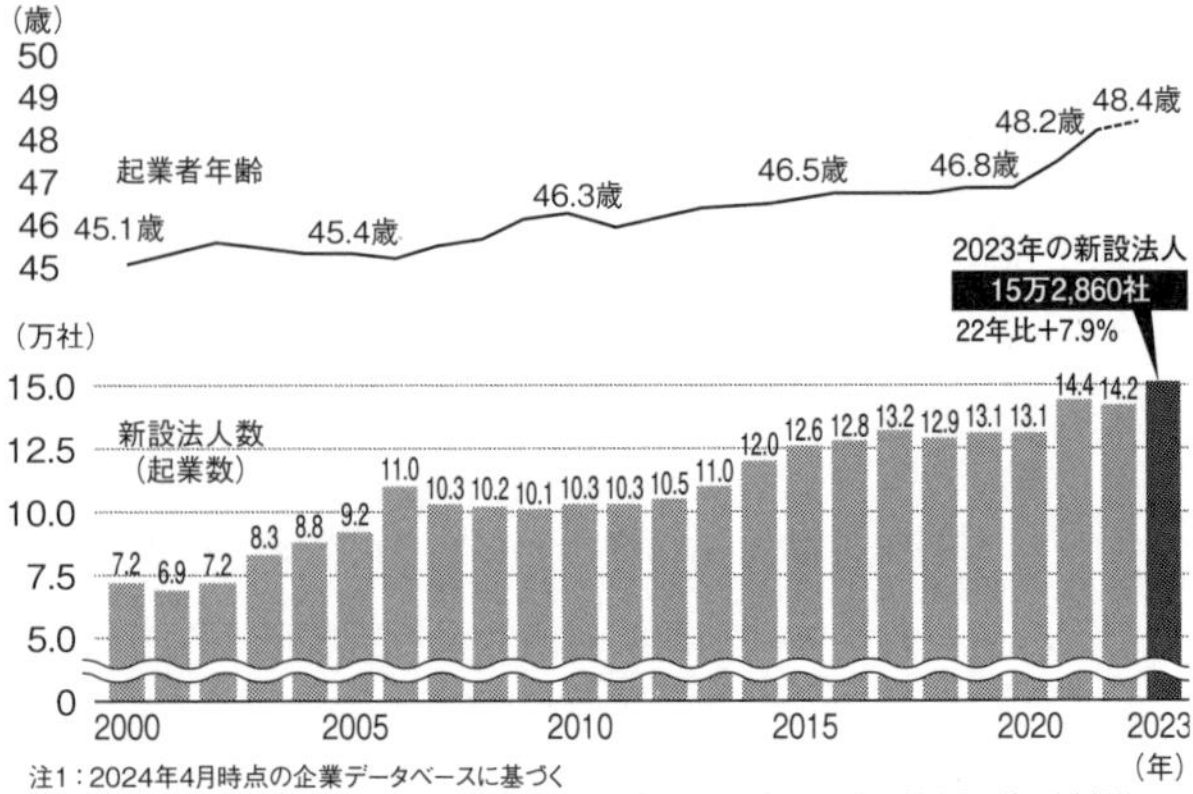

注1：2024年4月時点の企業データベースに基づく
注2：創業設立時の判断は、法人＝設立年。2023年の起業年齢は24年3月時点の判明分に基づく速報値。

「『新設法人』調査（2023年）」をもとに作成

もちろん、起業の大半はスモールビジネスであり、ユニコーン企業となることを目指すようなスタートアップではありません。しかし、起業を目指すマインドの人が増えていることは、スタートアップ増加に欠かせない土壌が整いつつあることを示しています。

スタートアップは定量的に定義できないため、スタートアップの起業数については諸説ありますが、一つの参考として、「おきなわスタートアップ・エコシステム・コンソーシアム」が発表している資料では、２０１９年には４０８４社だったものが、２０２２年に７４７０社

スタートアップの数の推移

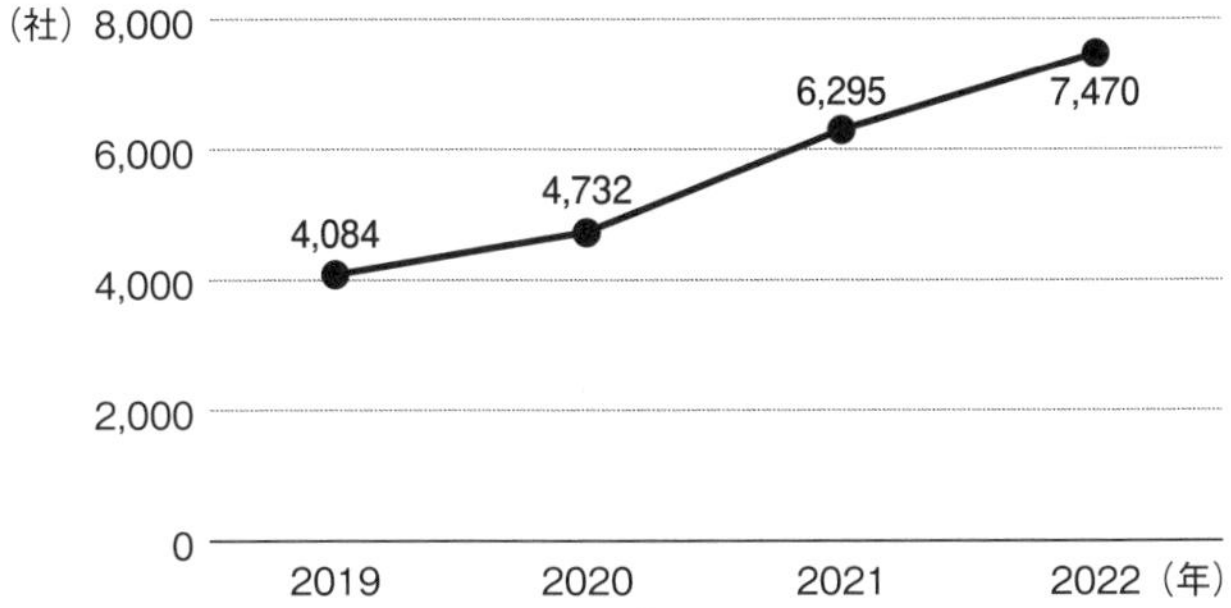

注1：INITIALのJapan Startup Finance 国内スタートアップ資金調達動向 2019〜2022に掲載されている、2015年以降に会社設立や資金調達など資本に影響するイベントがあった企業の数をグラフとしてまとめた。
注2：INITIAL が調査終了と判断した企業はカウントされていない。
注3：数値は当時判明した企業数であり、今後の調査進行により、社数は変動する。

出典：「おきなわスタートアップ・エコシステム発展戦略」

に増加したとされています。

また、『起業の科学』の著者である田所雅之氏は、雑誌記事で「いま年間で14万社ほどが創業している。そのうち1万社がスタートアップである」と記載しています（出典：『ダイヤモンド・オンライン』記事「成功するスタートアップは、１００社のうち何社か？」２０２４年1月27日）。

これらのデータから、スタートアップは７０００社から1万社の間であると推測されます。さらに別のデータでは、起業の中でも特にスタートアップを多く

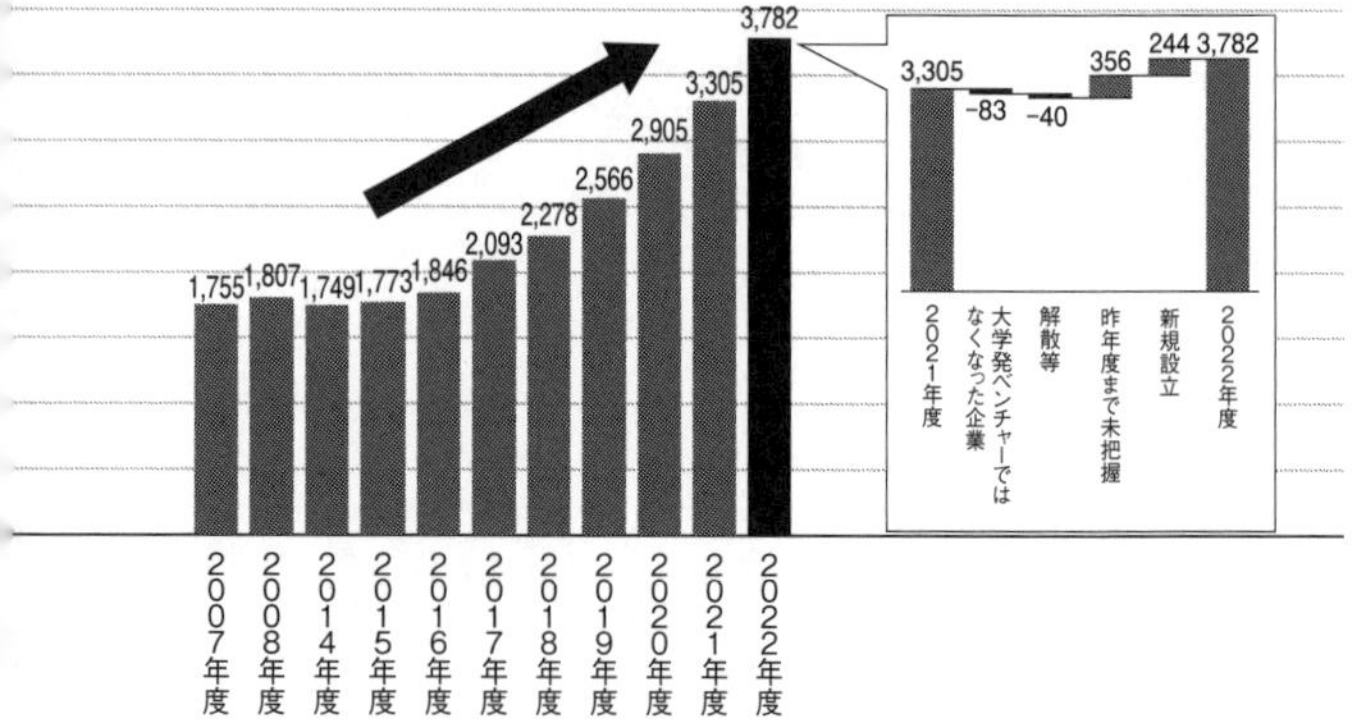

出典：「令和４年度 大学発ベンチャー実態等調査 調査結果概要」

含む大学発ベンチャーの数は、２０１４年度の１７４９社から２０２２年度には３７８２社と、２倍強に増えています。

いずれにしても、スタートアップが増加傾向にあることは間違いありません。全体として起業やスタートアップの母数が増える中、株式市場でのＩＰＯ数は、２０１３年に54社だったのが、２０２３年には96社へと増加しています。また、２０１５年にはゼロだった時価総額10億ドル以上のユニコーン企業は、２０２３年には７社になっています。

大学発ベンチャー数の年度推移

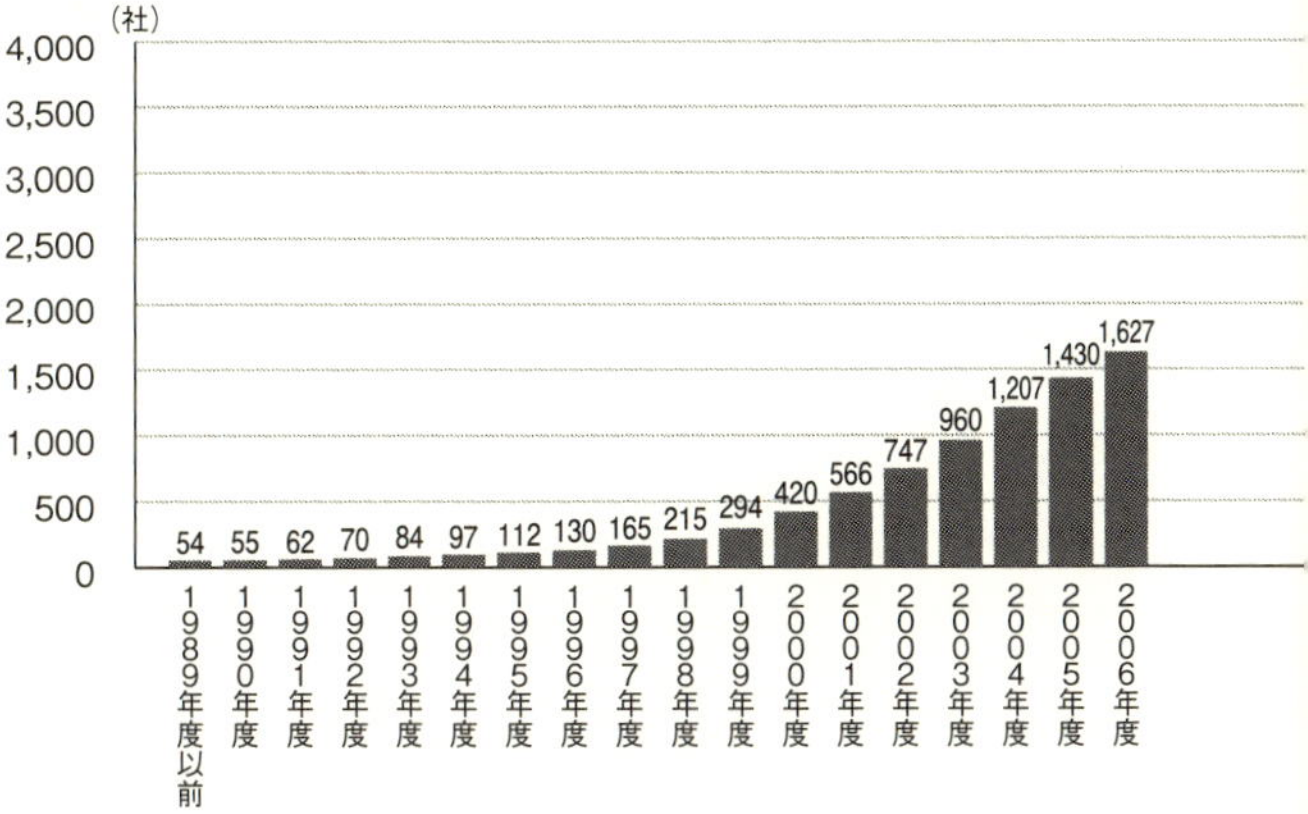

スタートアップ・エコシステムの成長

スタートアップを支える投資額（スタートアップの資金調達額）は、2013年に877億円だったのが、2023年には約8500億円と、10年で約10倍に増加しています。スタートアップ起業家がアイデアを競うピッチコンテストなどの支援イベントや、スタートアップ関連の支援メディアも活況を呈しており、支援サービス・支援専門家も増加しています。

例えば、代表的ピッチコンテストには、「TechCrunch Tokyo」「Infinity Ventures Summit」「ICCサミット　ス

タートアップ・カタパルト」「B Dash Camp Pitch Arena」「Morning Pitch」などがあります。

こうした民間の動きに「スタートアップ育成5か年計画」をフックとした政府や自治体の支援が加わったことで、ここ数年は日本のスタートアップ・エコシステムも活性化しています。

アメリカのスタートアップ調査機関Startup Genomeとスタートアップ支援団体のGlobal Entrepreneurship Networkでは、世界のスタートアップ・エコシステムをデータ分析に基づいて比較し、ランキング形式で報告する年次レポート「THE GLOBAL STARTUP ECOSYSTEM REPORT」を発表しています。その2024年版で、東京は前年の15位から5つ順位を上げて10位となりました。

こういった流れの中で、求職者の意識も変わっています。スタートアップへの転職について、若者の7割が前向きに検討しているという調査結果もあります（出典：『日本経済新聞』「新興への転職、若者7割が前向き　エン・ジャパン調査」2023年8月29日）。

会計・税務面でのスタートアップ支援人材が足りない

グローバルに見れば後れを取ってきた日本のスタートアップ・エコシステムですが、官民挙げての取り組みにより、現在では着実に成長・拡大を遂げています。

今後もこの流れは続いていきスタートアップの数は増え、メガスタートアップも誕生することが期待されます。また、そうならなければ、日本の経済的地盤沈下は避けられません。その将来を見通したとき、問題になるのが、スタートアップを外部から支援する専門人材の不足です。特にスタートアップ支援税務を担える人材は圧倒的に足りていません。

東京財団政策研究所から「日本のスタートアップ環境の現在と未来」というレポートが2024年5月に公表されています。これは、一般市民、起業家、投資家、学生、という4つのグループに対しておこなわれた、スタートアップに対する考え方の調査をまとめたものです。

同調査の質問項目に「日本のスタートアップのエグジットについて、他国と比べると小さめなIPOを行うケースが多く、ユニコーンにまで伸びるような大きな成長をするスタートアップがほとんどいない」ことの理由を問うものがあります。

これに対する起業家による回答としては「マネージメント人材の不足（81・6％）」「M&Aパートナーの不足（78・8％）」「レイターでの大口投資資金の不足（77・0％）」などが上位に挙げられています。

スタートアップにおいて組織をマネジメントできる人材が不足していることは私も常に感じるところですが、それを補完して起業家をサポートすることも、スタートアップを支援する外部専門家の重要な役割です。

会計・税務の分野に即していえば、スタートアップでCFOや経理部長を担える優れた人材は少ないため、私たちのようなスタートアップ支援税務の専門家には、その不足をある程度補いながら、起業家を支える役割が広く要請されているのです。ところが、そのスタートアップ支援税務を担える人材自体も不足しています。

その背景には、日本の会計・税務の支援システムは、大企業は主に公認会計士が、スモールビジネスは主に税理士がそれぞれ担当するといった形で、支援人材の「棲み分け」の構造となっていることがあると思われます。

スタートアップも、最初はスモールビジネスからスタートします。しかし、最初から大企業となることを志向し、順調に進めば早期に大企業へと変化していきます。いわばスモールビジネスと大企業の両方の側面を持つのがスタートアップ企業です。そのような性格を持つスタートアップへの支援は、従来の棲み分け構造の中では収まりが悪いのです。

そのため、スタートアップを会計・税務の面でトータルにサポートできるスタートアップ支援税務の人材は、スタートアップからのニーズが非常に高まっているにもかかわらず、まったく足りていません。

視点を変えて、公認会計士や税理士にとってのキャリアの選択肢という観点から見れば、現状でスタートアップ支援税務の分野は、まだほとんど手つかずのブルーオーシャンであり、先行者優位が大いに活かせる段階だといえます。ビジネスチャンスは大いにあるのです。

これからの日本経済を盛り上げていくために必要な存在であり、すでに広く強いニーズがあるスタートアップ支援税務は、公認会計士や税理士のキャリア選択として有力な候補になると私は考えています。

なによりも、新しい価値を世の中に生み出すことを目指し、夢に向かって突き進んでいるスタートアップの起業家を支えながらともに歩んでいく仕事は、ほかでは得られない充実感や高揚感を与えてくれます。

おわりに

私がスタートアップに関わるようになって、20年近くが経ちました。年月を重ねるにつれて、この仕事はやりがいがあるだけではなく、非常に面白いと感じるようになっていきます。その理由は、多くのスタートアップの経営者と直接関わり話ができること、そして、スタートアップの経営者には、熱意とビジョンにあふれた魅力的な人物が多いことです。

大正から昭和初期にかけて医師、官僚、政治家として多彩な活躍をした後藤新平は、有名な言葉を残しています。

「金を残して死ぬ者は下。仕事を残して死ぬ者は中。人を残して死ぬ者は上」

スタートアップの経営者はまさに、人を残し、仕事を残すために奮闘しています。

経済的な成功ももちろん重要な要素ですが、私が見てきた限り、それを第一義に考えてスタートアップを起こす人は、実は少数です。

「困っている人が多い社会課題を解決したい」

「自分の技術で世の中を変えたい」

「ありきたりではない、わくわくする仕事がしたい」

そういった動機、つまりビジョンの実現のためにスタートアップ起業をする人が大半です。資金が必要なのも、自分が贅沢をするためではなく、事業を大きくするためです。

しかし、ビジョンだけで事業を動かし、会社を成長させていくことはできませんし、資金を集めることもできません。金融、会計、法律、人事などの実務が絶対に必要です。会計、税務の面でそれを支えるのが、スタートアップ支援税務です。スタートアップに不可欠のサポートであり、スタートアップ経営者のビジョンを実現するための重要な一部になります。

本文でも述べたように、私たちもスタートアップ・エコシステムの中で、その成長に一定の役割を果たしてきたと自負しています。しかし、日本のスタートアップ全体をさらに盛り上げていくためには、小さな組織である私たちが果たせる役割はあまりにも少ないです。そこで、1人でも多くの公認会計士、税理士の皆様に、スタートアップ支援税務に興味を持っていただくために本書を執筆しました。

何人の人にどれだけ興味を持っていただけたかは分かりませんが、少しでも皆様のお役に立てる部分があったなら、著者としてこれ以上の喜びはありません。

石割由紀人（いしわり　ゆきと）

公認会計士・税理士、資本政策コンサルタント。プライスウォーターハウスクーパースにて監査・株式公開支援、税務業務に従事後、ベンチャーキャピタルでの投資業務などを経験。現在は、Gemstone税理士法人にて、会計・税務、株式公開支援、資本政策、株価算定、デューデリジェンス、会計・給与計算アウトソーシング等のサービスを提供している。さらに、多数の上場会社の役員、会計・税務顧問等を兼任。監査法人・税理士法人、ベンチャー企業およびベンチャーキャピタルという希少なキャリアに基づく実務経験に根ざしたコンサルティングを展開している。

本書についての
ご意見・ご感想はコチラ

公認会計士&税理士のための
スタートアップ支援税務のススメ

二〇二五年四月一六日　第一刷発行

著　者　石割由紀人
発行人　久保田貴幸
発行元　株式会社 幻冬舎メディアコンサルティング
〒一五一－〇〇五一　東京都渋谷区千駄ヶ谷四－九－七
電話　〇三－五四一一－六四四〇（編集）
発売元　株式会社 幻冬舎
〒一五一－〇〇五一　東京都渋谷区千駄ヶ谷四－九－七
電話　〇三－五四一一－六二二二（営業）
印刷・製本　中央精版印刷株式会社
装　丁　弓田和則

Printed in Japan　ISBN 978-4-344-94880-8 C0034
幻冬舎メディアコンサルティングHP　https://www.gentosha-mc.com/